ちくま新書

アレント入門

中山元
Nakayama Gen

1229

アレント入門【目次】

序　章

インタビュー「何が残った？　母語が残った」とアレント

†ガウス・インタビューとアレント

この序章では、一九六四年にドイツで行われたテレビ・インタビューを手掛かりに、アレントが生涯取り組んだ問題に光をあててみたい。「何が残った？　母語が残った」と題したこのインタビューは、『イェルサレムのアイヒマン』に世間の注目が集まり、アレントにとくに激しい攻撃が向けられた時期に行われたものである。インタビューでアレントは自分をユダヤ人であると自覚した幼い時期から、この書物を刊行するまでの生涯について語りながら、それまで取り組んできた問題について手際よくまとめている。

このインタビューでアレントが語った内容について紹介する前に、その背景を振り返ってみよう。インタビューが行われたのは、『イェルサレムのアイヒマン』の執筆直後のことであるが、アレントはナチスの重要な戦犯であるアイヒマンがイスラエルの秘密警察によってアルゼンチンから誘拐され、イェルサレムで裁判にかけられた際に裁判を傍聴して、この書物を執筆したのだった。

アレントがアイヒマン裁判を傍聴したのは一九六一年のことである。アレントは裁判が行われるというニュースを聞いて、知人だったアメリカの有力な週刊誌『ニューヨーカー』の編集者に、「裁判レポーターをしたい」[1]と申しでた。『ニューヨーカー』誌はこの提案に飛びついた。アレントは一九六三年二月からこの雑誌に五回にわたって裁判の傍聴記を掲載することになる。そしてこの傍聴記を改稿して、同年五月には『イェルサレムのアイヒマン』として刊行されたのだった。

この傍聴記は、雑誌に掲載されている頃から大きな反響を呼んだ。しかもその反響のほとんどは、アレントへの激しい非難の声だった。アレントにたいする非難には、二つの大きな軸があった。第一の軸は、アレントがこの『イェルサレムのアイヒマン』のサブタイトルとした「悪の凡庸さ」という考え方にかかわるものだった。アレントはナチスの立案したユダヤ人の絶滅計画を実行したのが、予想されていたような極めつきの悪人たちではなく、また狂信的なナチス党の党員でもなく、ごく平凡なドイツ人であったことに強い衝撃を受けて、この「悪の凡庸さ」という表現を選んだのだった。しかし人々は、この表現から、アレントはナチスの犯した悪を軽視し、それを擁護していると思い込んだのである。

第二の軸は、この絶滅計画にユダヤ人がどう関与していたのかという問題にかかわるものだった。アレントはナチスのユダヤ人絶滅計画は、ナチスだけではとうてい実現することができなかったことを指摘する。そしてこの計画の実現を助けたのが、ユダヤ人たちの無抵抗の方針であったことを確認したのである。それだけではなかった。ヨーロッパのユダヤ人の指導機関である「ユダヤ人評議会」が、一部の特権的なユダヤ人を国外に脱出させるために、多くの一般のユダヤ人を収容所に送ることで、ナチスに協力していたことを明らかにしたのである。このことは、ユダヤ人の虐殺を実行したのがナチスであることは間違いないとしても、ユダヤ人たちもまた消極的な形ではあっても、それに協力していたことを証明するものだった。

何よりもこの第二の軸が、世界のユダヤ人組織が、ユダヤ人女性であるアレントをこぞって非難するきっかけとなったのだった。被害者であるユダヤ人たちにも、その絶滅計画の責任を負わせるように思えるアレントの文章にたいして、ユダヤ人の組織が一斉に非難の声を挙げたのである。この『イェルサレムのアイヒマン』をめぐるアイヒマン論争は「ほぼ三年にわたって吹き荒れ、それらの論文を一冊にした本が二〇刷を重ねている今でも、ぐつぐつ煮えつづけている」[2]という状態を引き起こしたのである。

この時点までにすでにアレントは、政治哲学者として高い評価を獲得していた。一九四一年に夫のブリュッヒャーとともにフランスからかろうじてアメリカ合衆国に亡命し、母語であるドイツ語を大切にしながらも、表現手段としての英語の習得に努力していたアレントは、一九五一年にはアメリカの市民権を獲得し、ナチスの犯罪を総括し、さらにファシズムとスターリニズムを断罪する『全体主義の起原』を出版していた。一九五八年には主著となる『人間の条件』を刊行して、政治哲学者としての名声を高め、一九六三年にはシカゴ大学の教授に就任していたのである。

しかしこのアイヒマン論争は嵐のようにアレントに襲いかかった。そしてこの論争をつうじてアレントは多くのことを考えさせられた。第二の軸であるユダヤ人評議会の問題は、たしかにユダヤ人であるアレントにとっても、みずからの生き方にかかわる切実な問題ではあったが、思想的に重要な問いを突きつけるものではなかった。しかし第一の軸である「悪の凡庸さ」の問題は、悪について、善と道徳について、思想と行動との関係について、深い重要性をそなえたものであり、アレントはこの問題について、その後にさらに考察を深めてゆくことになる。

この『イェルサレムのアイヒマン』という書物はあくまでも、アイヒマン裁判の傍聴記として執筆されたものであり、悪の問題についての原理的な考察を展開する場ではなかった。そもそもこの問題は「裁判レポーター」というジャーナリストの立場からではなく、道徳哲学の問題として考察されるべきものだった。「悪の凡庸さ」というテーゼは、ナチスの悪のすさまじさを追及するよりも、それを犯した人々の平凡さに注目し、ドイツのふつうの人々が、ナチスのような悪にどうして手助けをしたのかという問いと深くかかわるのである。

この悪の凡庸さにかかわる道徳哲学の原理的な考察は、一九六五年にアレントがいずれ教授職をつとめることになるニュー・スクール・フォー・ソーシャル・リサーチ校で講義された「道徳哲学のいくつかの問題」という連続講義の記録と、翌一九六六年にシカゴ大学で講義された「基本的な道徳命題」という連続講義の記録において、展開されることになった（この二つの講義はほぼ同一の内容をそなえている）。

本書では、とくにこの道徳哲学についての連続講義に焦点を合わせることで、ナチスに追われてドイツから逃亡し、最初はフランスで、後にアメリカ合衆国で難民生活を送りながら、善と悪の問題について、道徳哲学の原理について、アレントがどのような問いに直面し、それらの問いにどのように答えていったかについて、考えてみることにしたい。

第二次世界大戦の間、ファシズム的な国家としてアジア諸国を征服して植民地として抑圧した歴史をもち、敗戦によって「民主主義」国家として再出発したわたしたち日本人にとっても、ナチスの犯した悪の巨大さとその「凡庸さ」は決して無縁なものではないはずである。

わたしたちにも鋭い問いをつきつけるこの問題を考察するための手掛かりとして、アレントがアイヒマン論争の翌年にドイツを訪問した際にテレビで放映されたこのインタビュー「何が残った？　母語が残った」を読みながら、アレントの思想的な歩みをたどってみたいと思う。政治に関するアレントの文章を集めた『アーレント政治思想集成』の冒頭に掲載されたこのインタビューは、後に高名な政治家となるジャーナリストのギュンター・ガウスが行ったもので、ガウス・インタビューと呼ばれる。このインタビューがどれほど当時の人々に強く訴えかけたかは、アレントの師であり、生涯にわたる重要な友人であったカール・ヤスパースが、「私が読んでどんなに満足したか、想像がおつきでしょう。きみの人物像がくっきり浮かび上がってくる。ものすごく説得力がありますね。この対談を聴き、きみを見ている人は、目をそらせなくなるでしょう」〔3〕と、アレント宛ての書簡で称賛していることからも明らかだろう。このインタビューからは、アレントがその生涯において取り組んだ道徳哲学にまつわる四つの重要な問いが、わたしたち読者の前に「くっきりと浮かび上がってくる」のである。

†国民のヒトラー幻想――『全体主義の起原』を読む

このインタビューで注目したい第一の問いは、ナチス体制の下に入ったドイツの国民が、ごくふつうの人々から知識人にいたるまで、一夜にしてそれまでの道徳心を喪失して、ナチスに協力するようになったのはどうしてかということである。アレントは、まず、一般に考えられているのとは違って、ナチスの政権獲得そのものは、大きな衝撃をもたらすものではなかったと、次のように語っている。

今日では、一九三三年にドイツのユダヤ人が受けた衝撃は、ヒトラーが権力を握ったことで説明がつくと考えられがちです。私や私と同世代の人々にかんするかぎり、これは一つの奇妙な誤解だといえます。ヒトラーの権力掌握はもちろん深刻な出来事でした。しかしそれは政治の問題であり、個人的な問題ではなかったのです。なにもヒトラーの権力掌握にいたるまでもなく、ナチスがわたしたちの敵であることは、はっきりしていました。それは少なくとも四年前から、ある程度ものを知っている人にとっては、まったく明らかなことでしたし、ドイツ民族の大部分がそれを支持していることも、もちろん分かっていました。ですから、そのことで一九三三年に突然、衝撃をうけたということはなかったのです。[4]

インタビューの相手であるガウスから、ドイツから逃亡して国外亡命をするにいたったきっかけと、その動機について尋ねられたアレントは、ドイツ国民の過半数の支持を獲得してヒトラーの体制が、ユダヤ人を迫害するに違いないことは、すでに一九三〇年代の初めから明らかだったことを指摘する。アレントが「衝撃をうけた」のは、そのことのためではない。それは政治的な問題であり、アレント個人にかかわる問題とは別の次元のことだった。アレントに衝撃を与えたのは、友人たちの反応だった。

均制化《グライヒシャルトウング》という事態がいかなるものか、ご存じですね。それは友人たちもまた[ナチスに]同一化することを意味していました。つまり問題が個人的な次元のものになったのです。というのは、一九三三年を境にして、敵のなすこと以上に、こともあろうか友人たちの行為によって、追い詰められ始めたということです。……[友人たちが]妻子のことを気遣うあまり、均制化すること、そのことを責めることはできません。それよりも深刻なことは、そうした人々が本当にそれを信奉してしまったことです。たしかにそれは短い間のことでしたし、多くの人にとっては、とても短い間のことでした。しかしそれが短い間のことだとしても、そうした人々はヒトラーにたいして何らかの幻想を抱いていたのです。しかもそうした幻想には、とても信じがたいような、奇妙な幻想も含まれるのです。まったく空想的で、奇妙で、複雑で込み入った幻想、冗談としか言いようのないようなものを信じこんだのです。わたしはそれをグロテスクとしか形容できません。今ならわたしはそうした人々は、自分のおもいつきの罠にかかったとでも表現するでしょう。

アレントにとって、この「友人たちに裏切られた」という思いが、ドイツを離れる最後の決心をさせたのだった。アレントが切実に考えたのは、ヒトラーをさまざまな理由から支持していたドイツ国民一般の反応だけではなかった。またハイデガーを含む知識人がナチスを支持したことだけでもなかった。知識人が体制に順応するのは、いわば本性だと考えていたからである。「知識人においては、均制化はいわばしたがうべき規則のようなものであることを再確認できた」にすぎないのである。しかしアレントの友人たち、ごくふつうに道徳心をもち、常識的に判断する能力をもつふつうのドイツ人たちがヒトラーについて「奇妙な」幻想をもって、体制に順応したことが、アレントに何よりも大きな衝撃を与えたのである。

ドイツの国民一般よりも良心的なはずのアレントの友人たち、それまでは伝統的な道徳的な規範にしたがっていたはずの人々が、どうしてその規範を放棄して、ナチスの奇抜な理論を信じるようになってしまったのか。どうしてそのようなことが起こりえたのだろうか。この問いは、アレントがファシズムとスターリニズムについて歴史的かつ政治的に考察した『全体主義の起原』を執筆する際の重要なモチーフとなった。本書の第一章では、『全体主義の起原』を読みながら、この問題を検討してみよう。

†世界の破壊と孤立――『人間の条件』を読む

次の重要な問いは、アレントの哲学における重要な問題構成である世界と公共性にかかわるものである。全体主義は、この世界と公共性を侵害し、そのうちに生きる人間を孤立させ、他者と隔絶させることによって、人々の共有する世界を破壊する。そして人々が他者とともに生きる場を破壊することによって、その支配を実現するのである。共通の世界が崩壊したとき、人は「孤立」した状態になる。この状態では、人々は単独の個であることを強いられ、他者との結びつきが失われるのである。

アレントは孤立のうちで失われるこの「世界」について次のように説明している。世界とは「事柄が公的になる空間として、人間が生きる空間、それにふさわしく見えなければならない空間」のことである。この世界はほんらいであれば、どこにでも成立しているべき空間である。「人数の多少にかかわらず、人々が一緒にいるところではいつでも、公的な関心が形成される」からである。

しかしこの空間から追いだされるとき、人間は孤立する。そして全体主義がもたらしたのは、人々に共通なこの「世界」が破壊されるという事態だった。『全体主義の起原』の最後で、アレントはこう指摘している。「現代人をあのように簡単に全体主義運動に奔らせ、全体主義支配にいわば馴れさせてしまうものは、いたるところで、増大している孤立なのだ。そのありさまをみると、あたかも人間をたがいに結びつけているものが危機のなかで砕け去り、あげくのはてにすべての人間がすべてのものから見捨てられ、もはや何ものも信じられなくなったかのようである[5]」。

この人々の公共的な空間の意味と、世界における孤立の問題を考察したのが、『人間の条件』という書物である。『全体主義の起原』をうけついで書かれたこの書物を貫くのは、全体主義を支え、人々を全体主義に支配させたこの「孤立」がどのようにして発生したかという問いである。

もしも人間が失われた「世界」を取り戻すことができるならば、人々がまた全体主義に支配されるようになることを防げるかもしれない。しかし人間が世界を喪失して孤立しつづけているかぎり、ファシズムとスターリニズムはつねに再発しつづけるだろう。この書物『人間の条件』は、全体主義の再来を防ぐという『全体主義の起原』と同じようなモチーフに貫かれて書かれているのである。

そしてガウス・インタビューではこの孤立の問題が、政治哲学的に、全体主義についての考察を超えた、さらに広い視野から語られている。それは全体主義の社会に限らず、現代社会においては人間の孤立がきわめて顕著なものとなっているからである。資本主義以前の伝統的な社会においては、人々は共同体のうちで堅固な結びつきをそなえて生活していた。しかし現代社会では、人間の生活のうちで、労働と消費が占める位置がきわめて大きくなっている。そしてこの労働と消費という営みのうちで人間は孤立してしまい、世界は失われてしまうとアレントは考える。

たんなる「労働」と「消費」がきわめて重要な意味をもっているのは、そこにおいてふたたび世界喪失という現象が浮き彫りになるからです。世界がどう見えるかということがもはや関心をもたれなくなるのです。……「労働」と「消費」においては、人間は本当に自分自身に投げ返されてしまいます。

この自分自身に投げ返されてしまった状態こそが「孤立」の状態である。「〈労働〉の状態において、ある独特の孤立した状態が生まれるのです」とアレントはつづけている。この労働と消費における孤立が、どうして世界の喪失と結びつくのだろうか。この問題は『人間の条件』で詳細に分析されるので、このテーマについては、第二章で『人間の条件』を考察しながら検討してみよう。そしてそれが道徳規範の崩壊とどのような関係にあるかを確かめてみよう。この書物において、全体主義の支配のもとで生まれた「孤立」という状態と、現代の社会の一般的なありかたとの結びつきが明らかにされるのである。

アレントはしばしば、世界と公共の空間について語るときに、古代ギリシアのポリスを実例として取りあげている。そのためアレントが古代のギリシアにみられたような公共的な空間を再現することを願っていると考えられることが多い。しかしアレントは古代のギリシアに愛着をもっていたわけではない。古代ギリシアの政治については時に嫌悪感を表明することもあったのである。アレントにとって重要なのは、現代において公的な領域を作りだすこと、そして人々がそこで行動する可能性を作りだすことだった。

そのことをアレントはこのインタビューで、「公的な領域での冒険」という言葉で表現している。この「冒険」とは、「一つの人格をもった存在として、公的な領域の光に自分の姿をさらすこと」を意味する。人々のまなざしのもとに登場して行動することこそが、この冒険なのである。

その冒険の内容としては、次の二つのことが挙げられている。第一の冒険は、「話すこと」を含めて、公的な場で発言し、みずからの思考を明らかにすることである。思考することそのものは公的な活動ではない。しかし一つの人格として公的な場で発言することは、自分が誰であるかを他の人々の目の前で暴露し、それによって人々から称賛され、あるいは批判されるというリスクを引き受けることを意味する。そのリスクのためにこうした営みは、つねに「冒険」という性格を帯びるのである。

第二の冒険は、人々の間に人間関係の網の目としてのネットワークを作りだし、そこで行為することである。「第二の冒険は、わたしたちが何かを始めるということです。関係性のネットワークのなかに、わたしたちが自分自身の糸を紡いでいくということです」とアレントは語っている。そしてこのような公的な活動をするためには、人々が完全に孤立してしまうことなく、信頼しあう関係が必要である。このような行動は、「人間を信頼することにおいてのみ可能である」からである。「根本的な意味であらゆる人間が人間的なものにたいして信頼を抱くことが重要なのです。そうでなければ冒険は不可能です」。人間関係の網の目の作りだす信頼感が冒険を可能にし、冒険がこうした網の目をさらに強固なものとして紡いでゆくのである。

†悪の凡庸さ――『イェルサレムのアイヒマン』を読む

このインタビューの第三の問いは、これまでも検討されてきたアイヒマン裁判を直接にとりあげて、アイヒマンの最大の「罪」とは何であったかを問うものである。このインタビューはまだアレントがアイヒマン論争の渦中にある時期に行われたために、この論争に直接にかかわりのある問いが、明確な形で提起されている。

このインタビューではとくに、ゲルショーム・ショーレムとの間で交換された往復書簡において批判された点について、アレントが明確な説明を行っていることが注目される──それはこの書物の「語り口」にかかわる問題である。ユダヤ人問題の専門家であり、親しい友人でもあったショーレムは、この書物を読んでアレントを「わたしたちの民族の娘[6]」と呼び掛け、この書物には「ユダヤ人への愛がほとんど見受けられない[7]」ことを咎めたのだった。そしてこの書物で採用されている「語り口」について、「あなたが本のなかで非常に頻繁に用いている語り口、英語ならば軽薄さ（フリッパンシー）という言葉で表現されるような語り口には、わたしは共感できません。この語り口は、あなたが語っている事柄には、あまりに不適切なのです。このような状況においては、ドイツ語の慎み深い〈心の礼儀〉という言葉で表しうるようなもののための場所があってもいいのではないでしょうか」と批判したのだった[8]。

アレントはこの書簡への返信において、ショーレムのこれらの規定と非難にたいして、順に答えている。第一に「ユダヤ民族の娘」という呼び掛けにたいしては、これは「わたしには似合わないレッテル[9]」ですと明確に拒否する。アレントにとっては、自分がユダヤ人であるということは、その母親に愛情を注ぐべき義務を生むような「娘」の立場に立つことを意味するものではなかった。ユダヤ人の女性であることは、アレントのアイデンティティの核心にあったが、それはアレントにとっては「議論の余地のないこと[10]」であったのであり、アレントが引き受けることを強いられた過酷な運命だったのである。

第二にユダヤ民族への愛に欠けているという非難については、アレントは「わたしはいままでの人生において、ただの一度も、なんらかの民族あるいは集団を愛したことはありません。ドイツ人、フランス人、アメリカ人、労働階級など、そのたぐいの集団を愛したことはないのです。わたしはただ自分の友人〈だけ〉を愛するのであり、わたしが知っており、信じてもいる唯一の愛は個人への愛です[11]」と指摘する。だから「ユダヤ民族への愛」というものは感じようがないのである。アレントにとってはすでに指摘されたように、ユダヤ人であることは「愛」の問題ではなく、運命の問題、アイデンティティの問題だったのである。

第三に、文体における「慎み深さ」については、ユダヤ人にとって好ましくないことを語る人は、つねにこうした「慎み深さ」の欠如という非難を浴びせかけられるのがつねであることを指摘する。「ある不愉快な事実をただ報告するだけの人間が、魂がない、心がない、あるいはあなたがおっしゃるように〈心の礼儀〉がないと責められる[12]」ことは避けられないのである。しかしこうした「慎み深さ」が時に「感情が実際の真実を隠すために使われる[13]」のは間違いのないことであり、アレントはそのような礼儀によって真実を語るのを控えるつもりはなかったのである。この書簡ではアレントは「語り口」については直接に答えていないが、ガウス・インタビューではこれに次のように明確に答えていることが注目される。

私はほんとうにアイヒマンは道化役者のようだと思いました。三六〇〇ページに及ぶ警察の尋問書をきわめて綿密に読みとおしましたが、読みながら、何度笑ったことでしょうか。しかも声をあげてです。こういう反応のことで人々は私にたいする感情を害するのです。それにたいしては何もできません。しかし私は、自分が死ぬ間際まで、それについて笑えるだろうと思っています。それが私の語り口だそうですが、私の語り口はもちろん十分に皮肉っぽいものです。それはまったくおっしゃる通りです。この場合、語り口は本当に人間そのものです。私がユダヤ民族を告発しているかのようにいう非難ならば、それは悪意のある偽りのプロパガンダ以外の何物でもありませんが、語り口についての異論は私という人間にたいする抗議である以上は、どうすることもできないのです。

アレントはこうした「慎み深さ」のない語り口を採用したことの背景に、極悪人であるはずのアイヒマンが道化役者のような人物にすぎなかったという意外な事実の発見があることを明らかにしている。警察の調書から浮かび上がってくるアイヒマンの滑稽さに、アレントは笑いを抑えることができなかったのであり、このルポルタージュの文体の基調が、皮肉な語り口となったのは、やむをえないことだった。

そしてこのことは、すでに考察された「悪の凡庸さ」と深い関係にある。アイヒマンは巨悪を犯した人間であるはずなのに、裁かれている被告は、ごくふつうの悪人にすぎなかったのである。そしてアイヒマン自身が、自分はたんなる組織の「歯車」にすぎないことを繰り返し主張していたのだった。第三章では『イェルサレムのアイヒマン』を読みながら、この悪の凡庸さの問題と、アイヒマンが犯した真の意味での「罪」がどのようなものであったかについて考えてみよう。さらに戦争犯罪の裁判で被告たちが繰り返し主張した「小物」理論や、組織の「歯車」理論についても検討してみよう。

またナチスの犯した罪がいかに非人間的なもの、恐るべきものであったかについても考えてみたい。アレントはアウシュヴィッツで起きたことは、それは「決して起こってはならないこと」だったと指摘している。この出来事について真実を知らされたとき、アレントは「奈落の底が開いたような経験」をしたと語っている。アレントは「それまでは政治であれば実際にいつかは償われうるし、他のことでも何らかの形で償いが可能だっただろうと、考えていました。しかしこれは違いました」と、この経験の根本的な異様さと、非人間性を告発しているのである。

†悪をなすことを防ぐ原理――『道徳哲学のいくつかの問題』を読む

このように第三の問いにおいて、ごくふつうの市民の道徳心の喪失という第一の問いにまた戻ってきたことになる。第一の問いでは、ごくふつうの良識のあるドイツ人が、均制化の罠にはまってヒトラーを賛美するようになったことの衝撃が指摘されていた。ヒトラーを支持し、ユダヤ人を無意識のうちにでも差別していたのは、隣の家に住んでいるような善良なドイツ人だった。

誰もが、ときには数か月の間、最悪の場合でも数年の間、何かをしでかした人々でしかなかったのです。殺人者でもなければ、密告者でもありません。つまりさきほど言ったような、ヒトラーに〈幻想を抱いた〉人々なのです。

こうしたふつうの人々の犯した凡庸な悪と裏切り、それこそがアレントにとって亡命を決定させるようなもっとも衝撃を与えたものだった。このような悪がどうして生まれるのか、それを防ぐにはどうすればよいのか。それは道徳の問題を原理的に考察することによって初めて解明されるだろう。どのような道徳的な原理によって「悪をなす」ことを防げるかというこの第四の問い、すなわち道徳哲学の問題はアレントにとってきわめて重要な意味をもつものだった。第四章では、『責任と判断』に収録された連続講義の記録「道徳哲学のいくつかの問題」を読みながら、この道徳性の問題を検討してみることにしよう。

この連続講義は、このガウス・インタビューの翌年に行われているのであり、このインタビューで語られた問題が総合的に考察されているのである。

第１章
国民のヒトラー幻想
――『全体主義の起原』を読む

1　ドイツにおける道徳規範の崩壊

†道徳秩序の崩壊

さて、ガウス・インタビューで取り上げられた第一の問いは、それまでナチスとは無縁だったドイツのふつうの良心的な人々までがどうしてヒトラーに幻想を抱くようになり、それまでの道徳的な規範を放棄したのだろうかという問いだった。この問いについてアレントは、「道徳哲学のいくつかの問題」で、ナチスが「死の工場」でユダヤ人を初めとして、多くの人々を虐殺したのは事実であり、それを実行した人々の道徳性が問われるべきであることを認めながら、それよりもさらに異様なのは、ドイツ国民がそれに暗黙のうちに荷担したことであると、次のように語っている。

同じく重要なのは、ナチスによって被害をうけなかった年輩のエリート層を含めて、自分をナチス党と同一化して考えもしなかったドイツ社会のすべての階層の人々が、あたかも当然であるかのように、こうした殺戮計画に協力したという事実です。そしてこちらの事実のほうが、わたしたちをぞっとさせるのです[14]。

このように、ナチスの犯罪にほとんど全国民的な協力が行われるためには、利害関係による打算や人種差別主義によるプロパガンダなどの力だけでは不十分だった。それが可能であったということは、ふつうのドイツ人の伝統的な道徳規範が崩壊してしまったことを意味しているのである。この道徳規範の崩壊について、アレントは次のように明確に指摘している。

ナチス体制は新しい価値体系を提唱し、こうした価値体系に基づいて考察された法的な体系を導入したのです。さらにドイツ社会のいかなる人も、まったく強制もされないのに、ナチス体制に同調して、自分の社会的な地位ではなく、それまでこうした社会的な地位にともなっていた道徳的な信念をあたかも一晩のうちに葬り去ったのでした[15]。

アレントは、「真の道徳的な問題が発生したのはナチス党員の行動によってではない」

こと、むしろ「いかなる信念もなくただ当時の体制に〈同調した〉だけの人々の行動によって、真の道徳的な問題が発生した[16]」ことを繰り返し強調している。ナチスの極悪の犯罪にみずから手を染めた人々には、おそらくそれなりの理由があったに違いない。しかし問題なのは、そのような行為をすべき理由のなかったドイツのごくふつうの人々が、ナチスの殺戮に手を貸したことである。それがどうして可能になったのか、そのことを説明しなければならない。

問題はそれだけではなかった。アレントはさらに、ドイツの一般市民の道徳規範が、それまでの伝統的な道徳規範を「一晩のうちに」捨て去り、ナチス体制の提唱する新しい価値体系のもとでの道徳規範を採用しただけではなく、ナチス体制の崩壊とともに、人々がごく当然のようにもとの道徳体系に戻ったことの異様さに注目する。「ですからわたしたちは、〈道徳的な〉秩序の崩壊を、一回だけではなく、二回、目撃したのだと言わざるをえません。戦後に〈通常の道徳性〉に唐突に回帰したことは、ごく当たり前のようにうけいれられていますが、このことは道徳性そのものへの疑念を強めるだけなのです[17]」。

この道徳的な秩序が崩壊して、別の道徳規範が一晩のうちに採用されるというのは、ドイツだけでみられた現象ではない。戦前の日本も、それまでどうにか外見だけでも憲法をもつ法治国家のもとで構築された道徳体系を放擲して、「皇国」と「うちてしやまん」という古代的で自滅的な道徳規範を採用したのだった。そして敗戦とともに、それまで「鬼畜米英」と蔑んでいた敵側の諸国の道徳体制を喜々としてうけいれたのである。わたしたち日本でもまた、「〈道徳的な〉秩序の崩壊を、一回だけではなく、二回、目撃した」と言わざるをえない。ドイツや日本のふつうの市民がみずから道徳的な規範を放棄することがどのようにして可能になったのか。この章では『全体主義の起原』を読みながら、それがどのような歴史的、政治的、心理的な背景のもとで実現したかを検討してみよう。

この章では、アレントが『全体主義の起原』で考察したドイツのファシズムを実例として参照しながら、この道徳性の崩壊の背景について、国民国家と少数民族の存在という歴史的な側面、難民問題と人種差別という政治的な側面、大衆社会における孤独という心理学的な側面から、三つの節に分けて点検してみたい。どれも全体主義社会のうちで、ごくふつうの人々が体制の新たな道徳体系をうけいれるにいたった背景を構成しているのである。

さらにこれらの問題は、グローバリゼーションにともなって近代の伝統的な国民国家の体制が揺らぎ始めた現代において、新たな「問題」として突出してきたものでもある。そのことは、シリアやイラクの内戦、パレスチナ問題、ヨーロッパへの移民など、わたしたちが現在目撃している国際的な難問に象徴的に示されているものでもある。

2　国民国家と少数民族の存在――歴史的な側面から

†国民国家の問題点

まず、国民国家のうちで生まれたナショナリズムの問題を検討してみよう。ドイツにおける道徳規範の崩壊の背景には、ドイツ特有のナショナリズムと反ユダヤ主義がドイツ国民の心を捉えていたという事情があるからである。

近代という時代は、革命と国民国家の成立とともに始まる。近代的な国民国家を代表するのは、ピューリタン革命とそれによって成立した議会に依拠した君主制のイギリスと、フランス革命によって成立した共和制のフランスである。この二つの国民国家は、それまでの封建制と絶対王政を克服することによって、資本主義のもとで形成された市民社会を、新たな国家体制が支配することによって成立した。そもそも国民国家、英語ではネーション・ステートという概念は、すぐにわかるように、国民（ネーション）と国家（ステート）

という二つの異質な概念をまとめたものである。

まず国家を意味する「ステート」という語は、イタリア語で身分や状況を意味する「スタート」から作られた語であり、国家の権力的な体制によって、市民社会が管理されることを意味する。「この言葉は、以前は身分や状態を意味する言葉であったが、近代において特定の領域において、特定の国民にたいして権力を行使する権力機構を意味するものになった[18]」。この概念は、特定の領土をもつ国家が、そこに住むすべての住民を支配する権力機構をそなえていることを示す政治的な概念である。

ところが国民を意味する「ネーション」という概念は、もともとは民族を意味する言葉であり、それは「共通の歴史的・文化的な伝統や紐帯、非合理的な民族や人種概念と結びつく[19]」ことの多い概念であり、これは民族と文化についての歴史的な概念なのである。

アレントはこの二つの異質な概念が結びついて、民族を政治的に統括する国民国家が形成されるにいたった経緯について、「民族が自分自身を、彼らのものと定められた特定の定住地域に根を下ろした歴史的で文化的統一体として認識し始めたところでは、どこでも国民と国民解放運動が登場する。なぜなら彼らの住む所には歴史が誰の目にも明らかな足跡を残しており、したがって大地自体がそれを耕作し田園に作り変えてきた祖先の共同の労働を示すと同時に、この土地に結びつけられた子孫の運命をも指示しているからである」[20]と指摘している。ローマ帝国以来のさまざまな地域と民族を包み込む「帝国」の概念が、民族的な歴史を背景とした地域的な統一国家の概念に変質することで、近代の国家は成立したのである。

具体的にみると、国民国家の形成の歴史において、フランスは一五世紀にプロヴァンス地方を統合して、ほぼ現在のフランス国家にひとしい領土が確立され、国家と国民がそれほどずれない国民国家を形成した。イギリスは名誉革命によって、イングランド、ウェールズ、スコットランドの三つの地方を統一する「連合王国」として成立したが、アイルランドを統合することはできなかった。アイルランドはイギリスとは異なる民族と国家として、独立することになる。

このように、イギリスやフランスでは、異なる背景をもつ国民が、それなりに一つの国家としてまとまることができたが、こうした国民国家とは異質な状況を示していたのがドイツである。ドイツでは国民国家の成立はきわめて遅くなった。ドイツは多数の領邦国家で構成されており、一九世紀の初頭にいたっても、領邦国家の割拠はつづいていた。ドイツの詩人のヴィーラントは「子供のころ私は義務について多くのことを聞かされたが、ドイツ愛国者の義務についてはほとんど何も教えられることがなかった。ザクセンの愛国者、バイエルンの愛国者、フランクフルトの愛国者はいる。しかし帝国を自分の祖先として愛するドイツ愛国者はどこにいるだろうか」[21]と想起している。多数の藩に分かれていた日本の幕藩体制についても、同じことが言えるだろう。

このドイツでも、プロイセンの主導のもとで一八七一年にドイツ帝国の成立が宣言されて、近代的な国民国家が成立することになる。しかしこのドイツの場合には、国民を構成する民族の占める範囲が、国民国家の領土と一致しないという重要な問題があった。たとえばオーストリアには多数のドイツ人が居住しており、ドイツ帝国はそこに住むドイツ人を統合できなかった。そしてヒトラーはオーストリアに住むドイツ人の保護を名目に、やがてオーストリアに進軍し、ここを併合することになる。

ドイツのように、民族の存在空間が国民国家の領土と一致しない国家では、「国民」という概念と「国家」という概念が矛盾を引き起こすことになる。というのもステートとしての国家は公的な政治体であり、中世以来のヨーロッパの国家の最高の機能は「領土内の住民すべてを、彼らの民族的な帰属とかかわりなく法的に保護する」ことにあったからである。中世以来の国家の伝統では、「一国の領土のうちにあるものは、その国に属する」ことが原則だった。

ところがネーションとしての国民は、民族の名において自分たちが国家の主体であることを主張しようとする。「本質的に同質であると仮定されたネーションの統一体には、血統と生まれによって属する者のみが国家の結合体の中に完全な市民として迎え入れられるべきだと主張した」のだった。これは、国民国家が、普遍的に適用されるべき法を定める装置としてのステートから、ある程度までは「血統と生まれによって」所属が決定されるネーションとしての国民を保護するための道具に変わったことを意味する。「ネーションが法の地位を奪ったのである」。

このネーションとステーツの対立の可能性は、すでに国民国家の建国の際に孕まれていた。たとえばフランスは革命によって国民国家を形成した際に、二重の権利を宣言した。人権宣言は、「人および市民の権利宣言」として発表された。人権は、人間に自然にそなわるものであり、民族の一員としての市民であるかどうかとは別の次元で考えられている。「人は、自由かつ権利において平等なものとして出生し、かつ生存する」[22]と述べられているのである。しかし同時に、「あらゆる主権の原理は、本質的に国民に属する」[23]とされている。すべての人間にそなわるはずの人権が、すぐに国民のもつ権利、すなわち市民権に接続されるのである。フランスの国家はすべての人の基本的な権利として、「自由、所有権、安全および圧政への抵抗の権利[24]」を認める。しかしこの権利を行使できるのは、民族の一員である市民に限られるのだ。

†ナショナリズムの二つの類型

　それでもイギリスやフランスのように、国民国家がそれほど異質でない国民を統治する国家である場合には、その内部で発生するナショナリズムは、国家的な統合を推進する原動力となりうる。しかしドイツのように、国民と国家の領土が一致しない場合や、バルカン諸国のように、国家のうちに複数の民族が含まれ、一つの民族が支配的な民族となった場合には、国民と国家の範囲に大きな「ずれ」が発生することになる。そしてこうした国ではナショナリズムは、国家的な統合の役割を果たすのではなく、侵略や分裂の原理になりかねない。近代のヨーロッパ大陸のナショナリズムの歴史は、このような国民と国家の原理の違いが明確になり、国民であるネーションが、国家であるステートを食い破る歴史となるだろう。

　このように、近代の国民国家とナショナリズムは、大きく分けて二つの類型に分類できる。フランスやイギリスのナショナリズムは、国家の統合を推進することのできるものであり、これを西欧型のナショナリズムと呼ぶことができるだろう。しかしヨーロッパにあってはこれは例外的なものであり、ドイツなどの諸国では国民国家が成立していなかったために、国民国家の統一を推進するのではなく、「血の絆」のような自然的な幻想に依拠して、みずからの民族の統一を願う民族的なナショナリズムとなった。アレントはこれを「種族的《フェルキッシュ》なナショナリズム」と呼ぶ。これが大陸の多くの国家で優勢になったナショナリズムだった。このナショナリズムは、「大衆を動かす優れた機動力となりうる」ことが証明されたために、「中欧および東欧のすべての国と民族の国民的感情を決定的に規定し形成するものとなった」のである。

†種族的なナショナリズムの特徴

この種族的なナショナリズムにはいくつかの重要な特徴がある。第一にこのナショナリズムは、近代の人工的な世界にたいする失望に根ざしていた。たとえばドイツでは、ロマン主義的な風潮の中で、「都市においてではなく、風土の中で、自分の生まれた郷土において、人は自然と民族に溶け込み、そこに根を下ろす」[25]ことを目指したのである。逆に言えば、このナショナリズムは、ドイツ人のように、まだ国家的な基盤をもたない「根無し草的な性格」の民族のもとで生まれたのである。

第二に、このナショナリズムは、ドイツ人やロシア人のように「民族を代表するそれ自身の国家をもち、しかも他の国でも大きな民族集団として存在していた民族」のもとでは、国家の枠組を超越する汎ゲルマン主義や汎スラヴ主義のような汎民族運動を形成した。この汎民族運動は、たとえばオーストリアのドイツ人の間では、ドイツ帝国との「民族共同体」の形成を目指すという形で、「膨脹を夢みて、特定の国民的共同体の地理的な限界を踏み越え」ようとした。これがヒトラーの指導のもとで、ドイツとオーストリアの合併を実現するための重要な原動力となる。

†人種差別の理論

この種族的なナショナリズムは、その民族の「血の絆」を重視する理論のために、必然的に人種差別を生み出さざるをえなかった。この人種差別主義の第一の特徴は、民族の間に階層的な秩序があると考えることにある。この階層において自民族が最高の地位を占めるのは当然であり、「各民族はそれぞれに〈自然〉によって生まれながらの特異性」をそなえているとみなされる。そして自民族は「究極的なもの、歴史の進行に影響されることのありえない永遠なるもの」と主張されるようになる。この民族観は、他の民族を劣悪なものとして軽蔑し、差別するものにならざるをえない。

第二にこの人種差別の理論は、人間の尊厳というものを正面から否定した。ドイツ人やスラヴ人であることが、尊厳の生まれる根拠であり、人間であることは尊厳をもたらさない。同時に、「種族的な思考においては、同じ民族に生まれたすべての人間はたがいに自然的な結びつきをもち、同一家族の成員間と同じようにたがいに信頼しあえるという観念が登場した」のだった。これは個人がアトム化した現代の大衆社会においては、強い魅力を発揮した。

第三に、その帰結としてこの人種差別的なナショナリズムでは、人間の権利の平等が否定された。ユダヤ教とキリスト教の天地創造の物語では、神は民族ではなく、一人の人間アダムを創造したのであり、アダムの末裔としてすべての人間が平等であることが前提とされていた。しかし汎民族主義では、神が自分たちに特権を与えるために民族を創造したのだと想定するのであり、この人類の平等は否定されるようになる。

†ユダヤ人差別とその帰結

このようにして、種族的なナショナリズムが支配的なドイツは、人種差別主義を必然的に生み出さざるをえないのであり、そのターゲットとされたのがユダヤ人だった。キリスト教のヨーロッパでは伝統的に、身近に暮らすディアスポラのユダヤ人にたいする偏見や差別感が生まれることが多かった。この傾向を最大限に利用したのがヒトラーだった。

アレントは、この反ユダヤ主義の心情を利用することで、「人種の疑似階層的な原理を組織原理に転化することができることを最初に理解したのがヒトラーだった」と指摘する。

「最悪の」人種をユダヤ人として定めて、最高の人種をアーリア民族とすれば、その間に適宜その他の人種を配置することができる。そしてアーリア民族に差別されるほかのどの民族も、劣等とされたユダヤ人とみずからの民族を比較することで、なんとか優越感を抱くことができる。

この種族的なナショナリズムとは、「神が一民族を選んだ、そしてその民族こそは自分たちだと主張するすべての民族宗教に潜む可能性のある倒錯」であり、これによってすべての人の平等を唱える人類の理念を否定することができるようになる。反民族運動の指導者はこのようにして、「選民の観念を統一的な人類の実現を内容とする神話から、人類の理念を破壊する道具に変えることができた」のだった。

†反ユダヤ主義にたいするドイツ市民の反応

このヒトラーの反ユダヤ主義の戦略によって、ドイツの国内に差別すべき人々、劣等な人種に属する人々、人権を否定されるべき人々が生まれることになる。ドイツ社会に吹き荒れた均制化は、既存の組織をナチス的な組織に改変する試みであり、その過程で、多数のユダヤ人たちが公職を追われた。ドイツの多くの市民は、かつての隣人がこのようにして差別され、定職を奪われ、追い立てられてゆくのを目撃しても、それに抗うことも、それを非難することもなかったのだった。

この非人道的な反ユダヤ主義的な迫害にたいしてドイツ人の国民が目をつぶったことについて、アレントは次のような心理的な事情があるものとみている。第一に、こうしたユダヤ人の迫害は、ドイツ人の市民にとって個人的に有利なものとなることが多かった。もしも上司だったユダヤ人が退職させられるならば、部下のドイツ人は昇進することができただろう。「ナチスの政権は、ユダヤ人の解雇とそれによって非ユダヤ人に昇進の可能性を与えた」のだった。

第二に、このようにユダヤ人の犠牲のもとで自分が昇進できたという事実を認識させられたドイツ市民は、そのことに屈辱を感じると同時に、同時に追放されたユダヤ人に後ろめたさを感じるようになる。昇進した市民たちは、「自分の地位は上司が不当に免職されたおかげだと感じ、制度にまで高められた屈辱感」に悩まされたのである。「すべての官吏、すべての職員は、それなしにはもはや生きることのできない利益を、自分は政府の不法な行為から得ているのだと意識させられた」のである。

第三に、この罪責感が逆に作用して、こうした官吏や職員たちは、政府の不法な行為を熱烈に支持するようになった。「その結果、その人は感受性が強ければ強いほど、味わわされた屈辱感が痛切であればあるほど熱心に体制を支持するだろう[26]」。ナチスの均制化とユダヤ人の公職追放は、ドイツの一般市民に恩恵を与え、その屈辱感と罪責感を強め、そして逆説的な経路をつうじて、人々の忠誠心を調達したのである。

アレントは、全体主義の別の体制であるソ連のスターリン体制のもとでも、党員たちの粛清が、ドイツでのユダヤ人の追放と同じような効果を発揮したことを指摘している。そしてこうした措置のために、人々のうちに密告してでも自分の地位と利益を高めようとするスパイのような心情が育ったと、次のように語っている。「彗星のような短い上昇のために生命を捨てることも辞さなかったスパイの心理が、ロシアの革命後の世代のすべての人々の平均的な生活態度となってしまった。これと同じ態度をわれわれは、それほど広範囲にではないが、ドイツの一九二〇年代に容易に認めることができる」。これは全体主義が一般的な市民の同意と支持を獲得するために考案した巧みな罠だったのである。この罠にかかった多くの市民は、それまでの道徳規範を放棄して、ナチスの道徳規範をうけいれる道に進んだのである。

3　少数民族と難民問題——政治的な側面から

†少数民族問題

国民国家には、すでに述べたような内的な矛盾が存在する。そのため、ネーションはステーツを食い破らざるをえない。アレントはこれを「国民国家の悲劇」と呼ぶ。この矛盾が「悲劇」となるのは、国家《ステート》が国民《ネーション》に属さない者を保護する手段と意志を喪失するためである。それを象徴的に示すのが、その後に登場した無国籍者と少数民族の問題である。この二つの問題は、国民国家がほんらい抱えていた問題を、国家の統治者にも国民にも、逃れることのできない形でつきつけた。この二つの問題は、国民国家がもはやそのままでは存続できないことを人々に認識させる重要な病となったのである。

まず少数民族の問題から考えよう。国家の中に少数民族を抱えた国家は、少数民族を同化しようとするが、つねに差別される少数民族の側は、民族自決の原則のもとで独立して国家を形成することを望むようになる。一番分かりやすいのは、いま中東で重要な問題となっているクルド人問題だろう。クルド人はクルディスタン地方に住む人口約三千万人の山岳民族で、世界で国家を形成していない最大の民族とされている。オスマントルコ帝国を形成する一つの民族だったが、第一次世界大戦の後にサイクス・ピコ条約で中東の各地に恣意的な国境線が引かれて、ヨーロッパにならった「国民国家」が形成された。こうしてオスマントルコ帝国はイラク、イラン、シリアなどの諸国に分断されることになる。

そしてクルド人はどの国でも、他の民族と比較すると少数民族としての地位に追いやられた。そしてクルド語やクルド文化は、多数民族によって抑圧されることになる。

アレントが指摘するように、「国民国家の原理は該当する民族のごく一部に国民主権を与えたにとどまり、しかもその主権はどこでも他の民族の裏切られた願いに対立する形で貫徹されたため、主権をえた民族は最初から圧制者の役割を演じることを余儀なくされた」のだった。少数民族は、国家のうちにありながら、権利を認められず、抑圧され、不満を抱えて生きつづけることになる。そして独立を望むと、多数民族が主権を握る国家から弾圧される。現在でもトルコ政府は、独立を願うクルド労働者党と戦争状態にある。

少数民族は、みずからの言語と文化を抑圧され、否定されたと感じると同時に、国民主権を認められないことで、みずからの人権そのものを否定されたように感じざるをえない。

フランス革命は、二つの宣言によって、「国民主権と人権の享受を等置」していたからである。このようにしてクルド人は、トルコなどの国で二流国民として自民族の文化を否定されたままで生きるか、独立してみずからが多数民族となる国家を設立するかのどちらかを選ぶしかないのである。

†パレスチナ問題

それを象徴的に示しているのが、イスラエルの建国とそれによって発生したパレスチナ難民問題だった。アレントもドイツから亡命する前に協力していたシオニズム運動は、ヨーロッパの各地に離散するユダヤ人たちをパレスチナの地に集結させ、そこでユダヤ人の国家を建国しようとするものだった。ヨーロッパの各地で少数民族として人権を半ば否定されながら生きていたユダヤ人たちが、みずから国家を形成するならば、もはや少数民族ではなくなり、人権が保障されると考えたのである。

しかしパレスチナとて、無人の地ではない。そこにはパレスチナ人が居住しているのである。ユダヤ人たちはイギリスとの密約に基づいて、そこに「最初は除々に入植し、それから力ずくで領土を奪う」という方法で、自分たちが多数民族となる国民国家イスラエルを建国していった。そしてその地に多数民族として住んでいたパレスチナ人を他国に追いやり、あるいは自国の内部に少数民族として居住させた。

これはヨーロッパでユダヤ人が嘗めていた少数民族の苦しみを、今度はパレスチナ人に嘗めさせることで、ユダヤ人が多数民族としての権利を享受しようとするものだった。アレントはこの問題を「死病の萌芽」と呼んでいる。イスラエルの建国は、問題の解決ではなく、「死の病」とも呼べる新たな問題の発生であり、増殖であった。そもそも「国民国家はそのすべての市民が法の前に平等でなければ存立しえないし、またいかなる国家といえども、もし住民の一部が法の埒外に立たされ、事実として法の保護から追放されているならば、決して存続しえない」ものだからである。このように少数民族と難民の無権利状態は、ステートとネーションの対立の悲劇を象徴するものだった。

†無国籍者の問題――ホモ・サケル

この少数民族の問題は、民族という集団への所属によって、一つの国家のうちで一部の人間が国民としての権利を奪われる状態が生まれることを示したものであるが、伝統的な国民国家の崩壊とともに生まれた無国籍者は、ある民族への帰属とは別の形で、国家の内部に人間としての基本的な権利が認められない人々が生じうることを示したきわめて現代的な問題である。少数民族の問題が、一つの国民国家の内部で、そして複数の国民国家の間で発生する民族的な問題だとすれば、無国籍者の問題は、それまで所属していた国民国家から排除された人々が経験させられた個人的な問題だった。

無国籍者とは、国籍を剝奪され、保護してくれるいかなる機関ももたない人々、「絶対的な無権利状態、無保護状態にある人間」である。アレントは、「第一次世界大戦の直後に始まった大規模な難民の流れから生まれ、ヨーロッパ諸国が次々と自国の住民の一部を領土から放逐し、国家の成員としての身分を奪ったことによってつくりだされた無国籍者は、ヨーロッパ諸国の内戦の最も悲惨な産物であり、国民国家の崩壊の最も明白な兆候である」と指摘している。

現代においてこの無国籍者の問題は、中東地域からの難民と移民の群れによってまさに焦眉の問題となっている。二〇一五年にドイツは約一〇〇万人の移民をうけいれた。この移民はEUで定められている移民の規則を適用せずに、国内にうけいれられたものである。シリアやアフリカなどから、内戦やテロ行為から逃れて生きる場所を求めて、数百万の人々がドイツを含むヨーロッパに安住の地を求めて移動してきた。パスポートもビザももたず、難民としてあるときは小さな船に貨物のように積み込まれ、あるときは国境をこっそりと越境して、トルコやギリシアなど、ヨーロッパへの入り口となる国家に、人々はなだれ込んできた。うけいれた国はこれらの難民を収容所にいれたが、そこで人々は無国籍となり、無権利となった。

こうした無国籍の人々の状態は、きわめて危険なものだった。人権が国家への帰属によって保障され、法律が国民にしか適用されないことが原則である国民国家では、このように国籍をもたない人々は、完全な無権利状態になる。こうした人々が誰かによって殺害されたとしても、殺された被害者にも、殺した加害者にも法は適用されようがないのである。生殺与奪の権利が、誰にでも与えられてしまうことになる。あるいはその人を生かすも殺すも、難民を収容した施設の職員の自由に任されてしまうのである。

こうした難民を収容する施設や、アメリカ合衆国がキューバのガンタナモに設置していた収容所のような施設では、適用される法律がないために、あらゆる無法が認められることになる。それでも難民は自分がまだ生きていられることだけでも、喜ばざるをえないのである。

なおこのような無権利状態におかれた人々は、ローマ時代からすでにその特有な存在が注目され、「ホモ・サケル」(聖なる人)と呼ばれていた。これらの人々は、法律の埒外におかれ、その人を殺害しても、法によって罪を問われることがなく、また神々に犠牲として捧げることも禁じられていた。これらの人々は、「殺害可能性と犠牲化不可能性の交点に位置し、人間の法からも神の法からも外に置かれている[27]」のだった。いまトルコやヨーロッパの各国の難民キャンプに収容されている人々は、生存権すら無視された無権利の人々であり、現代のホモ・サケルなのである。

†無国籍者の三重の喪失

この無国籍者の状態を象徴するのが、こうした人々はまったく無権利であるが、収容されている国の法律を犯すことによって、初めて法律の規定の適用をうける権利を認められることだった。アレントは「ある特定のグループの人々が実際に無権利となっているかどうかを知るには、彼らが罪を犯すことによって、その状態が改善するかどうかを問うだけで事足りる」と指摘している。「彼が罪を犯さなかった間は彼を追い払いつづけてきた法律は、彼がひとたび法律に違反したとなると、にわかに彼をうけいれる」のである。それまではまったく無視されていた無国籍者も、ひとたび法律で定められた小さな罪を犯すと、弁護士がつけられ、食事も寝る場所も与えられ、看守について不満を訴えることもできる。ようやく「人間の数に入る存在」として認められるようになるのである。

アレントは、ドイツからの亡命によって、みずからこの無国籍者の状態を経験したのだった。人は無国籍者となると、故郷を喪失し、政府からの保護を喪失し、人権を喪失する。この三重の喪失は、ただその人がいかなる国にも所属していないということだけによって生じる。わたしたちは基本的な人権が天賦の人権として認められているように思い込みがちであるが、いずれかの国家に所属することをやめたとたんに、あらゆる基本的な人権を喪失するということは、アレントが自らの体験によって痛切に味わわされた教訓だった。

フランス革命の後の人権宣言では、人間には「譲渡できない神聖なる自然権[28]」があると謳われた。アメリカのヴァージニア州の権利章典では、「すべての人は生来ひとしく自由かつ独立しており、一定の生来の権利を有する[29]」ことが謳われた。国籍を剝奪された人々がその身をもって明らかにしたのは、この「神聖なる」「生来の」基本的な人権というものは、それを保護する政治的な共同体が存在しない場合には、霧散してしまうということである。「彼のために法が存在しないような人間のために、法の前の平等を要求することは無意味」なのだった。

国民国家では、人間の権利を認められるのは、人間としてではなく、市民としてであり、さらにその国に生まれた国民であるという出生によってである。国籍を奪われたとたんに、すべての権利を喪失するのは、この国民国家の成立の基盤に「ごまかし」があるからに他ならない。「このごまかしは、諸国民の家族から追放された無国籍者の人間がこの領土に大量に現われたときに明らかになる[30]」のである。

†無国籍者の亡命と合法性の消滅

アレントは、この無国籍者の亡命は、「政府を法の領域から離れさせる」ような働きをしたことを指摘している。無国籍者を追いだす国と、うけいれさせられる国の間には、水面下で争いが発生した。無国籍者は祖国から追放されてそれまでの国籍を失ったのであるから、無国籍者が入国してきた国が、その人物を祖国に送還しようとしても、追放した祖国が彼らをうけいれるはずもない。

こうして、入国してきた無国籍者を国外に追放するように命じられた警察は、非合法の手段に訴えるしか、彼らを追放することができないことを理解する。「警察は夜陰に乗じて無国籍者を隣の領土に潜り込ませ、それによって隣国の法を侵す。その結果は、その隣国がまた次の夜の霧に紛れて、他国の法を侵し、不愉快な荷物の厄介払いをする」ことになる。こうして、国家が国際法を侵犯するのが常態となる。これは関係する諸国の「国内における合法性一般と国家間の関係における合法性一般の基礎を掘り崩す」ことを意味したのだった。ヨーロッパの諸国は、ナチスの違法行為を非難する根拠を、みずから投げ捨てたのである。

この事態は、二〇一五年の九月にヨーロッパに中東から大量の難民のなだれ込んだ際に繰り返された。ある報道によると、クロアチア政府は九月のある日、国内に入り込んだ一〇〇〇〇人の難民を列車に乗せ、警官を同乗させて、国境を接する隣国ハンガリーに送り込んだ。ハンガリー側はこの列車を停車させ、クロアチア警官を武装解除したと言われている。[31]どの国も、もはや合法性を顧慮している余裕を失ったのである。

ナチスはユダヤ人を絶滅させるために、ユダヤ人を無国籍者として国外追放する方法をきわめて巧みに利用した。まず最初にやったのは、国内のユダヤ人たちを「ドイツにおける非公認の少数民族の地位に追い込み、次には無国籍者にして国境から追放する」ことだった。その際には、追放するユダヤ人たちをできるだけ貧しい状態に追いやっておくのが秘訣だった。「ユダヤ人が金も国籍も旅券もなしに群れをなして国境を追われるようになれば」、うけいれ国はユダヤ人を厄介者として扱わざるをえなくなるからである。そしてそれは「ドイツのユダヤ人政策にとっての最上のプロパガンダとなった。ユダヤ人を乞食として国境から放りだすのがドイツにとって得策である。なぜなら移住者が貧しければ貧しいほど、うけいれ国にとって重荷となるからである」。

このように移住者をうけいれさせられた国は、ドイツのような「全体主義的な政権と同じ基準を採用することを強制される」ことになる。そして国際法に違反して、移民を他国に送りだすか、収容所で移民たちの人権を無視せざるをえなくなる。こうしてドイツの隣国でも、ドイツと同じような反ユダヤ主義が蔓延するようになり、ユダヤ人の扱い方について、ドイツを非難することができなくなるのである。

やがてユダヤ人は回り回ってドイツに送還されてくるようになる。ナチスが最後に行ったのは、送り返されてきたユダヤ人を自由に「処分」してしまうことに、異議があるかどうかを、他の諸国に公然と尋ねることだった。「そしてすでに絶対的な無権利者とされたユダヤ人はここでもういちど全世界に公然と売りだされ、彼らの返還を要求する者があるかどうかが確かめられた。そして彼らが全人間世界における〈余計者〉あるいは居場所のない者であることが実証されたとき、初めて絶滅が開始された」のである。

†無国籍者とドイツ国民の道徳性

このようなユダヤ人の運命が、ドイツの国民の道徳性を揺るがせる上で、大きな影響を与えたのは明らかだろう。まず第一に、国民は自分がドイツという国家に所属していて、人権を認められ、無権利状態に置かれていないことを喜ばざるをえない。無国籍者の悲惨さをじかに目撃すればするほど、人々は無国籍者と対比した自分の安楽な状態を維持することを願うようになる。そして人権が国家の力によってのみ保障されていることを実感するのである。

そのとき、国家の唱える道徳が、自分たちがこれまで抱いていた道徳規範と異なるものであったならば、そのどちらかを選択しなければならなくなる。国家に反する自己の道徳規範を維持しようとするならば、国家の保護を失い、みずからも無国籍者になる覚悟をすることを求められるだろう。そうであるならば自己の幸福のためにも、それまでの道徳を捨ててでも、国家の新しい道徳規範を採用するようになるのは、ごく自然なことだろう。

それまでの道徳が「汝殺すなかれ」と命じていたとすれば（ほとんどすべての道徳はそう命じる）、そしてナチスの新しい道徳が「汝殺すべし」と命じるならば、人々はやがて「汝殺すべし」という道徳にしたがうようになるだろう。自ら手を下さないとしても、他者が殺されることには、喜んで目をつぶるようになるだろう。しかもドイツだけではなく、ヨーロッパの他の諸国の政府もナチスと同じようにふるまうのを目撃していたのである。

第二に、ユダヤ人がこのように無権利状態に置かれ、「ホモ・サケル」となっていたために、法の埒外に置かれた人間にたいする処置には、みずからの良心を痛める必要を感じなかったことが挙げられる。このことは法と道徳の結びつきの深さを示すものである。法が保護しない人にたいして行われることには、良心が目をつぶるのである。

第三に、ナチスは新しい道徳を示し、新しい法を定めた。そこにほんらいは一致すべき合法性と正義が対立する場が生まれたのである。法律にしたがうのが善き市民の務めであるはずだが、それまでドイツの国民が採用していた道徳規範は、第三帝国が国の法として定めていることに逆らうことを求めることになる。そこに法と道徳規範の対立という非常に稀な事態が発生したのである。

道徳性の高い人であれば、たとえ法が命じたことでも、道徳規範に反することは避けたいと思うだろう。しかし遵法精神の強い人であれば、みずからの良心の声とは別に、国家が法律として定めたことを実行することを好むだろう。それがたとえ暗黙のうちに他者を殺害するものであったとしてもである。この法と道徳規範の対立の問題については、第四章でさらに詳しく検討することにしたい。

4　孤独の問題――心理学的な側面から

†大衆とは

第三に、大衆の孤独という心理学的な側面から、この問題について考察してみよう。アレントは、ファシズムなどの全体主義は、現代社会において大衆をターゲットとした運動であり、大衆によって支えられた運動であることを指摘している。「全体主義運動は大衆運動であり、それは今日までに現代の大衆がみいだし、自分たちにふさわしいと考えた唯一の組織形態である」とアレントは考える。

この大衆という概念は、大衆社会論などとして、社会学では民衆や群衆などとともにとくに好まれる概念であるが、アレントは社会学的な見地からではなく政治学的な見地から、全体主義の考察の枠組で、大衆という概念を三つの特徴で規定している。第一の特徴は、大衆《マス》というそもそもの言葉に表現されるように、その人数が多いことである。大衆は人数の多さをその特徴とするのである。全体主義は人間を質の観点からではなく、量の観点から眺めることを好む。「人間があり余っているという大衆の感情」が全体主義運動の土台であり、「全体主義的な支配は人口の多さという基礎なしには不可能である」のである。

第二の特徴は、大衆は政治的には無関心で、中立であることである。大衆という人間の集団は、「共通の利害で結ばれていないし、特定の達成可能な有限の目標を設定する個別的な階級意識をまったくもたない」集団なのである。このことは大衆が公的な問題に関心をもたないことを意味する。

第三の特徴は、大衆は公的な問題に無関心であるために、何らかの特定のテーマで組織することは困難であり、政治的な集団であることを拒むことにある。このような多数の人々をどのようにして動かすか、それが現代の「大衆社会」における政治的な運動の重要な課題となる。

これをまとめると、「大衆」とは、「その人数が多すぎるか、公的な問題に無関心であるために、人々がともに経験し、ともに管理する世界にたいする共通の利害を基盤とする組織に（政党、利益団体、地域の自治組織、労働組合、職業団体など）、みずからを組織することのない人々の集団」として規定することができよう。全体主義運動は、この大衆をその土台とすることに成功したのである。

†民主主義の幻想の破壊

このように大衆を政治的に動員することに成功することで、全体主義運動はそれまでの民主主義的な政治体制を支えていた二つの「幻想」を破壊することになった。第一の幻想は、「一国の住民は同時に公的な問題に積極的な関心をもつ市民である」という幻想である。民主主義では市民はなんらかの政党や組織に参加して公的な事柄にかかわるものと想定している。第二の幻想はもしも住民がこうした公的な関心に動かされてなんらかの組織に参加しないのであれば、そして「政治的に中立で無関心であるならば、政治的な重要性ももたない」という幻想である。

近代の民主主義の政治的な原理は、政治に参加する市民について、このような積極的および消極的な役割を想定していた。しかし全体主義に流れ込んだ大衆運動は、こうした想定の根底にある「幻想」を打破することになった。それは議会制民主主義という近代の西洋の代表的な政治原理を、その根底から否定するものだった。全体主義運動が猛威を振るったのも、この大衆を政治的に組織することに成功したためである。こうした大衆の政治的な組織を目標とするポピュリズムは、議会制民主主義の根幹を揺るがすものとなるのである。

大衆の概念には社会学的には「孤独な群衆」(リースマン)や「大衆人」(オルテガ)などのさまざまなものがあるが、アレントはこのように「根無し草」としての大衆は、これまでの近代的な社会学の理論ではうまく捉えきれない人間集団であることに、政治学的な観点から注目した。それと同時に、その「根無し草」として特徴づけられた人間に特有の存在様式として、公共的な活動から切り離され、他者とともに活動することを知らず、活動することのできない人間の孤立した状態に注目する。人間が他者と公的な領域で活動することができないために、全体主義運動のような回路を通じて、その力が吸い上げられるのである。

†孤独と隔絶と孤立

アレントは、大衆が他の人々と公的な空間において連帯することができず、孤立した状態に追いやられたことが、全体主義的な支配を可能にする条件であったと考えるのである。民主主義は、すべての国民が政治に参加する可能性を提供するものであったが、人々が孤立に追いやられるときには、政治という活動そのものの力が信じられなくなる。この大衆の心理的な状態を特徴づける「孤立」とはどのような心のあり方なのだろうか。

アレントは人間が他者との結びつきをみずから断つか、あるいは人々によって断たれて、単独な「一人」になる状態を、孤独、孤絶、孤立という三つの概念で区別している。個人がアトム化された現代の大衆社会では、誰もが単独な一者となる傾向があるが、アレントはこうした単独状態のうちでも、孤独（ソリチュード）であるということは、他者との関係を断って、自己と向きあうことと定義している。「孤独の中では実はわたしは決して一人ではない。わたしはわたし自身とともにある」のである。

わたしたちは他者とともにあるときには、他者の中の一人として存在しており、自分自身と向きあうことはない。他者と別れて孤独になったときに、初めてわたしたちは自己と向きあうようになる。この孤独のうちでわたしたちは、自分のうちにいる「もう一人のわたし」と向きあう。そしてわたしはこの「もう一人のわたし」とは、それがまるで他者であるかのように語りあう。

たとえばわたしが夜になって、その日のうちに他者に語った言葉や他者にたいして行った行為が適切なものだったかどうかを自問するとしよう。そのときわたしが自問する相手は、語り、行為したわたしそのものではなく、そのわたしの言葉や行為を眺めていて、批判する「もう一人のわたし」である。わたしたちは他者と別れて一人になって思考し、反省するときに、孤独のうちでこの「もう一人のわたし」と対話し始めるのである。

この対話の重要な特徴は、わたしはもはや自分の目から自分をごまかすことはできないということにある。わたしが孤独の対話のうちで向きあう「もう一人のわたし」は、そのようなごまかしを決して許すことはないのである。

ここにはある種の孤独の弁証法のようなものが存在している。他者に向かって何かを語り、何かを行為するとき、わたしは自分自身に向きあうことがない。そうした行為のうちでわたしは、無心に他者に話しかけ、他者と交流している。これが最初の状態である。次にわたしが他者と分かれて孤独になって、自分の言葉や行為を振り返り、反省するときに、そこに自己への批判的で否定的なまなざしが生まれる。自分がその日になした無心な行為が、ほんとうに適切なものだったか、「もう一人のわたし」が厳しく吟味し始める状態にはいる。わたしは孤独において分裂するのである。

ただしこの分裂した状態の対話には、それを決定する審級がない。「わたし」と「もう一人のわたし」は、どちらも「わたし」であるために、結論を下すことはできないことがある。この対話は無限につづく可能性がある。そこに孤独の分裂性と多義性が生じる。

この分裂し、みずからのうちに複数のわたしを意識するわたしを、その孤独な分裂性と多義性から救いだしてくれるのは、他者との交流をふたたび始めることだけである。この新たな他者との交流においては、わたしは最初の無心の状態ではなく、「もう一人のわたし」との対話を経験し、自己の分裂を認識したわたしとなっている。この他者との交流によって、わたしは「もう一人のわたし」との対話に、ある決着をつけることができる。

このように、わたしが他者に語った言葉や行為が正しかったかどうかを判断することができるのは、他者に問いかけ、他者と話しあうことによってだけである。他者と向きあったわたしは、もはや多義的な自己ではなくなっている。他者だけがわたしを一義的な自己とすることができるのである。「まさにこの一者として、交換不能な存在として、一時的な存在としてわたしを認め、わたしに話しかけ、それを考慮してくれることで、わたしのアイデンティティを確認してくれる他の人々との出会いによって、わたしは孤独の分裂性と多義性から救いだされる」のである。

これに対して孤絶（アイソレーション）という状態は、たとえば何か文章を執筆しているような状態である。文章を書きながら、仕事をしているときには、わたしは自己と対話することも、他者と対話することもできない。「何かを学んだり、一冊の書物を読んだりするためにも、ある程度の孤絶の状態が必要です。他の人の存在から守られていることが必要になるのです[32]」。これはわたしたちが何かに専念するときに、自分も他者も忘却している状態であり、何かを作りだすための条件となるという積極的な意味をもつことが多い単独の状態である。

最後の孤立（ロンリーネス）というのは、他者とのつながりを欲しているのに、それがえられず、他者から「見捨てられた状態[33]」にあることである。他者との連帯の絆が、何らかの理由で断たれているのがこの状態である。この状態が生まれるのは、「どのような理由であれ、個人的な理由から一人の人間がこの世界から追いだされたとき、あるいはどのような理由であれ、歴史的あるいは政治的な理由から、人間がともに住んでいるこの世界が分裂し、たがいに結ばれあった人々が急に自分自身に追い返されたとき」である。そのとき、人は自己との対話も、他者との対話もすることができず、一人であることを強いられる。これはつらい状態である。たとえ多数の他者に囲まれていても、砂漠のうちで生きているような孤立感に襲われるのである。「群衆のうちで孤立していることは、孤独であることよりも辛いのはそのためです[34]」とアレントが語るとおりである。

†テロルとイデオロギー

このような孤立は、いつでもどこでも生じうる「単独性」の一つのあり方にすぎない。しかし大衆社会においては、大衆は「根無し草」として、他者との結びつきを断たれているために、人々はごくたやすく、この孤立の状態に陥りがちなのである。そして全体主義体制は、人々をこのような孤立の状態に陥れることを目指していた。人々が他者と連帯し公的な空間のうちで行動しているときには、全体主義はその威力を発揮できないからである。

そのために全体主義が利用したのが、テロルとイデオロギーという二つの手段である。テロルは人々のうちに恐怖の種を撒こうとする。全体主義のテロルの特徴は、次にターゲットになるのが誰であるか、まったく予想がつかないことである。明日は我が身であるかもしれないのである。このテロルは人々の間に恐怖心を引き起こす。明日にでも隣人に密告されるかもしれないからである。

民主主義的な国家の法律が原則として目的とするのは、「それぞれの市民の生まれながらの力を制限して、各市民の強さを同一のものとみなしうるような空間を設定すること」にあった。この空間が人々の間に存在することで、人々は他者と関係を結び、連帯することができるようになる。しかしこの法律が崩壊すると混乱が生じ、「各個人の強さがもはや他の市民の強さと結びつきえないばかりでなく、それぞれの力がその対抗力によって相殺される、すなわち恐怖によって麻痺される」ことになるのである。

アレントは権力というものは公的な空間のなかで初めて生じるものだと考えている。「すべての人間が一緒に行動し始めたとき、この空間の中でいわばおのずから一人一人の人間が権力にあずかっていく」のである。しかしこの空間がつぶれてしまうと、人々は孤立し、「権力の成立する空間、すなわち共同で何かを遂行する人間たちの間におのずから生じる共属空間」が失われる。こうして「一切の政治的で公的な領域が消滅する」のである。テロルは、「人間と人間とのあいだの空間、自由というものが成立する空間を、完全に無にしてしまうことによって、人間たちを一つにする」のである。

この「人間たちを一つにする」ということは、人々の間に統一が生まれるような積極的な意味をもたない。人々が対話をするためには、人々を隔てる空間が必要がある。しかしこうした空間が失われると、人々は大きなマッスとなり、「一つ」になってしまう。このようにして「一つ」になった人間たちは、他者と対話することもできず、孤立に追いやられるのである。こうして「全体主義支配は人々からその行動能力を奪うばかりでなく、むしろその反対に、まるで彼らが実はただ一人の人間であるかのように、彼らすべてを全体主義政権が企ているすべての行動、その犯すすべての犯罪の共犯者に仕立てあげ、それにともなう一切の結果を容赦なく押しつける」のである。

さらに全体主義はこのように孤立した人間たちを支配するために、イデオロギーを駆使する。アレントは思想や哲学と異なるイデオロギーの特徴を次の三点に要約している。第一にイデオロギーはその「疑似科学的な性格」によって、人々にそれが真理であることを信じさせ、「一切の歴史的に生起するものの全体的説明を、それだけでなく、過去の全体的説明、現在についての全体的な知識、そして未来についての信頼しうる予言を約束する」。イデオロギーは、みずからが反論の余地のない真理であると自称するのである。

第二に、こうした性格をもつイデオロギー的な思考は、「一切の経験に依存しなくなる。経験はこの思考には何一つ新しいことを知らせることができない」のである。これによってイデオロギーは人々の思考と判断の能力を奪いとることになる。そして人々は、イデオロギーの主張することとの正否を、経験によって判断する方法を奪われる。やがて人々は現実についての知識や感覚すら、こうしたイデオロギーからうけとるようになるのである。

第三に、イデオロギーは人間の経験も感覚も軽視することによって、「論理的な演繹だけに専念する」ようになる。そしてある前提を認めると、論理的な推論の力でその帰結にもしたがうことを強制されるのである。たとえば自然の生活では毒虫は駆除しなければならないという前提を認めたとしよう。そして社会のうちに諸民族のうちにも「寄生虫」が存在することを認めたとする。するとこのイデオロギーは「この寄生虫たちも、南京虫や虱と同じように扱ってもよいという結論がでる。周知のように南京虫は毒ガスで退治するのである」。

このように全体主義はテロルによって、すでに孤立しやすい大衆社会のうちに生きていた人々を絶対的に孤立させ、全体主義の犯罪に荷担させる。孤立した人々は、擬似科学的なイデオロギーのために、自分で考える力を奪われてしまい、擬似科学的な論理的な推論の力で、全体主義体制を擁護し、その命令にしたがって犯罪を犯すようになる。イデオロギーはそのような行為は犯罪であり、悪であるという内心の声も、そのような行為に荷担したくないというまっとうな感情も押しつぶしてしまうのである。

このように、全体主義のテロルとイデオロギーは、「組織された孤立」の状態を作りだすのであり、これは「一切の人間的関係を荒廃させる原理」なのである。ナチスの体制のもとで、テロルとイデオロギーの力に支配された一般市民は、こうした荒廃した状態に追い込まれていたのである。

第 2 章

公的な領域の意味と市民

――『人間の条件』を読む

†『全体主義の起原』と『人間の条件』

さて、ガウス・インタビューの第二のテーマである世界と公共性の問題の考察に入ろう。アレントは『全体主義の起原』において、現代の大衆社会では人間が孤立し、他者とともに共有する「世界」を喪失していることを確認していた。全体主義の支配は、こうした大衆社会において孤立した人間を組織する運動として貫徹されたのだった。アレントはすでに大衆社会の特徴を二つあげていた。公的な領域に参加しないことと、政治的に無関心で中立なことである。しかしこれはどちらも現代の社会の人々が「世界喪失」の状態に陥っていることを、裏側から語ったものにほかならない。

ギリシアのポリスで生まれた共和主義的な伝統のもとで育まれた民主主義の政治思想では、市民社会の一員である市民は、自分たちが生きる場である社会をどう導くかに重要な関心をもち、「公民」としてその活動に参加することが前提とされていた。現代の民主主義はどれも代表制の民主主義であり、民衆から選ばれた代表が議会において、その国家の方針を決定するとされているが、この代表はあくまでも市民から選ばれた代表であり、公開の場で、真剣な討論によって、市民の意志を代表するものとみなされている。

しかしカール・シュミットが『現代議会主義の精神史的地位』で鋭く指摘したように、

現代においては実際には、「政党ないし政党連合の小委員会またはごく少数の人数の委員会が、閉ざされた扉の背後で決定を行っている」[35]ことは周知の事実である。現代の日本でも、憲法と安全保障を含む重要な事柄が、国民の代表である議員たちが議会という場でたがいに異なる意見を提起し、議論することで決定されるのではなく、与党の政治家たちの公開されない場での話し合いで決定されていることもまた、周知の事実だろう。

さらにシュミットが指摘するように、こうした政治家の決定の背後で、資本主義の論理が貫徹されていることも、忘れてはならない。「大資本家的な利益団体の代表者たちがごく小範囲の委員会で取り決めていることのほうが、幾百万の人間の日常生活と運命にとっては、おそらくこうした政治的な諸決定よりも重要なのである」[36]と言わざるをえないのである。

そしてこのように「公開性と討論とが議会運営の事実上の現実において空虚で、取るに足らぬ形式と化してしまっているとすれば、一九世紀において発達した議会もまた、その従来の基礎とその意味を失ってしまっている」[37]ことは、否定できない。シュミットがここで分析しているのは、一九二〇年代のワイマール共和国の状況であるが、これは現代の日本の状況にもほぼあてはまる。ワイマール共和国では一九三〇年代にヒトラーの率いるナチスが、この状況を改革することを訴えて、ポピュリズム的な方法で国民の支持を獲得したのだった。

大衆社会のうちで「世界」を喪失し、孤立した大衆は、ワイマール共和国の議会においてはみずからの意見が代表されず、しかも公的な活動に参加する意志もなかったために、全体主義が自分たちの利益を実現してくれるものとして期待し、全体主義の運動に荷担していったのだった。

しかしアレントはガウス・インタビューでは同時に、この大衆社会のあり方が消費社会の到来と同じ時期に生まれたことを指摘していた。全体主義が支配したのは、たんに議会制民主主義の無力によるものだけではなく、わたしたちが何かをみずからの手で作りだすことよりも、商品として提供されるものを消費することに喜びをみいだすようになっていることに、大きく影響されていると考えたのである。近代の社会は、労働する社会であり、消費する社会である。労働も消費も古代から営々とつづけられてきた営みであるが、それがどうして近代にいたって、政治的な過程にまで影響するようになったのだろうか。

この問題を考察したのが、一九五一年に刊行された『全体主義の起原』に次いで、一九五八年に刊行された『人間の条件』である。アレントは第二の主著とも言うべきこの書物で、主として古代ギリシアのポリスのあり方と現代の社会のあり方を対比しながら、現代の大衆のあり方を描きだしていく。

†古代のギリシアのポリスの市民と現代の大衆の違い

この書物においては、古代のギリシアの市民と現代の大衆には、三つの重要な側面において明確な違いがあることが指摘されている。第一に、労働と消費の意味において大きな違いがある。現代の大衆は労働と消費を重視するが、古代ギリシアのポリスでは労働も消費も軽視され、否定的な刻印を与えられていた。

第二に、公共的な空間のもつ意味と「世界」の意味について、大きな違いがある。現代の大衆は公共的な領域での活動を回避し、そのことによって他者と作りあげる「世界」というものを喪失している。その喪失のあり方は、古代のギリシアのポリスの公的空間での市民の活動と対比することで、もっとも明確に示されるだろう。

第三の違いは、「社会」のもつ意味である。古代ギリシアでは「社会」という領域は存在せず、私的な空間と公共的な空間だけで構成されていた。現代の大衆社会では、個人の私的な領域や国家という公的な領域よりも、その中間に形成された社会の領域が巨大な意味をもつ。この「社会」がどのようにして成立し、それが公共的な領域をどのようにして侵食していったのだろうか、それがこの書物が解こうとしている重要な問いである。

第一の側面については、わたしたちが大衆として重視する労働や消費を含めて、人間のさまざまな活動性の意味が問われる。第二の側面では大衆が、そしてわたしたちが喪失してしまった世界と公共性について問われる。そして第三の側面では、大衆であるわたしたちが生きている社会が問題になる。

一般に社会は古くからあるものと当然のようにみなされているが、アレントの考える意味での「社会」は、世界史のうちで近代になって初めて登場してきたものである。この「社会」が登場して、政治の公的な空間に大きな影を投げかけるようになったのが現代なのである。最後に、社会のもつ特有な意味と、演劇のもつ政治的な役割について考察した後で、この問題にかかわる重要な思想を提起したマルクスの哲学について検討しながら、アレントによる西洋の哲学批判の道筋をたどってみよう。

1　人間の活動と公的な領域の意味

†人間の三つの活動性

この第一節では、まず人間のさまざまな活動性について考察してみよう。わたしたちは生きているうちにさまざまな行為を行うが、こうした行為をアレントは労働（レーバー）、仕事（ワーク）、活動（アクション）という三つの大きなカテゴリーに分類する。これらを総称して活動性（アクティヴィティ）と呼ぶわけだが、これには思考のような内的な営みは含まれていないことに注意しよう。ただし自分の考えたことを他者に語り、他者を説得しようとする場合や、思考の結果を出版して他者に伝達する場合には、思考という営みが他者に働きかける意味をもつため、活動性の一つとみなされることになる。

まずアレントの定義を確認しておこう。「労働」（レーバー）と、その産物の消費は、人間が自分の生命を維持するために必要とする行為である。「労働とは、人間の肉体の生物学的な過程に対応する活動性である」[38]。これは人間にとってもっとも基本的なものであり、これなしには人間は生存することができない。わたしたちは生きるために労働し、その労働の成果によって生存に必要なものを購入し、それを消費することで生きつづけることができる。これは「生命そのもの」が存続するための条件である。

次の「仕事」(ワーク)は、たんに人間の個人の生存を目指すのではなく、持続的な「作品」を製作する活動性である。これらの作品によってこそ、人間の仕事という活動性の産物が個人の生存を超えて歴史的なものとなり、ここに「世界」が作られる。そして「この世界そのものは、それらの個々の生命を超えて永続するようにできている」のである。わたしたちが労働するときには、たんに自分の肉体を使うだけではなく、これまでの人間の歴史のうちで発明され、工夫されてきたさまざまな技術と製品を利用する。車輪の発明がなければ、食料を運搬する自動車は存在せず、わたしたちが生存に必要とする食料が運ばれてくることもないだろう。

一般に考えられている労働という概念は、アレントの考える仕事の概念を含むものである。しかしアレントはとくに、「世界」という概念からこの二つを明確に区別する必要があると考えた。労働は個人の生命を維持するためのものであり、個人の生命の維持とともに、その成果は消滅する。そして個人が死去した後には、その痕跡も残らない。しかし仕事は、個人の生命を超えて存続する作品を作りだし、それが人々の間で成立する「世界」を構築する。「仕事とその生産物である人間の工作物は、純粋べき生命の空しさと人間的時間のはかない性格に一定の永続性と耐久性を与える」のである。

アレントはこの労働と仕事を、人間の肉体の働きと手の働きの違いとして対比し、さらにそれによって作りだされたものの消費と使用の違いとして対比して説明する。まず肉体の働きと手の働きの対比について、アレントはこう語っている。「わが肉体の労働と違って、わが手の仕事は、無限といっていいほど多種多様な物を製作する」。もちろんわたしたちは労働するときには手も使うのだが、手はとくに作品を作るための工作に適しているのであり、そこに違いがある。

次に消費と使用の対比について、アレントは仕事の産物である工作物には耐久性があり、すぐに消費されてしまうものではないことに注目する。人間の「世界」は、こうした工作物を使用することに強く依拠しているのである。ただし「人間の工作物の耐久性は絶対的なものではない。それは、消費されるのではないけれども、使用されるうちに使用済みになる」のである。

†活動と「現われの空間」

この労働と仕事はどちらも人間の生命の維持と世界の確立に貢献するものであるが、わたしたちはこれらの活動性とは別に、人間と人間の間での交流を作りだす行為もまた遂行している。それが「活動」（アクション）である。これは「物あるいは事柄の介入なしに直接人と人の間で行われる唯一の活動性」である。わたしたちが他者と対話するとき、人々の集会で発言するとき、それは生命の維持を目的とした労働でも、作品を製作する仕事でもない。それは他者に働きかけて、わたしたちが生きる世界をよりよいものとするための行為なのである。

この活動が展開される場もまた「世界」と呼ばれることに注意しよう。一般に活動という活動性は、公的な場で展開されるものであるために、政治的なものとみなされることが多い。たしかにギリシアのポリスで行われた市民の活動は、ポリスという公的な空間の維持と発展にかかわる政治的な意味をもっていた。しかしアレントが「活動」という概念で考えている活動性は、ふつうに公的な場で展開される政治的な活動よりも、はるかに広い意味をもっている。

この活動によって生みだされる「世界」は、政治的な活動が展開される純粋に公共的な領域よりも広いものである。他者との間である場が開かれるとき、そこには「現われの空間」が生みだされる。この空間は、たんに政治的な活動の場であるよりも、わたしたちが一つの明確なアイデンティティをもって登場する場である。これは「わたしが他人の眼の前に現われ、他人がわたしの眼の前に現われる空間」なのである。そしてわたしたちは活動と言論によって、この現われの空間に登場する。

アレントは、この活動と言論という行為によって、初めて人間にとっての公的な領域というものが生まれる一方で、人間がこの「わたし」というアイデンティティを獲得できると考えている。「人々は活動と言論において、自分が誰であるかを示し、そのユニークな人格的アイデンティティを積極的に明らかにし、こうして人間世界にその姿を現す」のである。

†古代ギリシアのポリスにおける三つの活動性の領域

このように、アレントは人間の活動性を労働、仕事、活動に分類して考えたわけだが、こうした分類は近代におけるマルクス主義の労働論との対立を含めて、長い射程で考えられたものである。こうした活動性の違いをもっとも分かりやすい形で示しているのが、古代のギリシアのポリスなのである。

古代ギリシアのポリス、とくにアテナイでは、公的な活動に参加できるのは自由民だけであり、自由民であるのは、両親がアテナイの市民である家族から生まれた成人の男子の市民だけに限られた。古代ギリシアでは自由の概念は現代とは違って、身分と密接に結びついていた。このアテナイの市民は、それぞれに家庭をもち、その家庭の主人として、家族の妻、未成年の男女の子供たち、召使、奴隷たちを支配していた。この家庭の役割は、主人とその家族の人々が生活し、生命を維持することにあった。

こうした市民の家庭の内部では、自由という概念は適用されなかった。家族もその他の成員も、主人である男性に服従することが求められた。この家庭という領域は、労働と消費の営みが行われる私的な領域なのである。家庭や家族では、「家長が絶対的な専制的権力によって支配する」のであり、この領域では言葉による説得ではなく、暴力と命令が行使されるのである。

これにたいしてポリスは、家庭という私的な領域から、人々の間で公共的な領域を作りだすために登場してきた市民たちが、暴力や命令ではなく、たがいに他者を説得することを目的とした政治的な空間である。「政治的であるということは、ポリスで生活するということであり、ポリスで生活するということは、すべてが力と暴力によらず、言葉と説得によって決定されるという意味であった」のである。

アリストテレスは人間をポリス的な動物と定義した。「人間はその本性からしてポリス的な動物である。偶然によってではなく、本性によってポリスを形成しないものは、劣悪な人間であるか、人間よりも優れた者である[39]」。アリストテレスは、人間はこのようにポリスの空間において政治的な活動に携わることで、家庭において支配する専制的な家長の顔とは別の顔をそなえた自由で平等な「人間」になると考えた。ポリスを作る必要のない人々は、神であるか、「劣悪な人々」とされたのであり、ペルシアのような専制的な王国は、こうした「劣悪な人々」の国家とみなされたのである。アレントが指摘するように、ペルシアのような「専制政治は、しばしば家族の組織に似ているアジアの野蛮な帝国の生活に固有のものであった」のである。

このように活動によって形成され、活動が展開されるのは、自由で平等な市民が、より善き生活のために、他者を暴力や力で支配するのではなく、言葉によって説得する公的な領域である。これにたいして仕事の領域は、ポリスのうちでもこうした自由な市民が活動する場ではなく、職人や奴隷たちが経済的な活動に従事する領域であった。ギリシアで手を使って仕事をする職人たちは、自由な市民として扱われなかった。仕事によって拘束されており、公的な活動に専念する余暇をもてなかったためである。この時代には仕事によって形成されるべき社会という領域は、家庭という私的な領域とポリスという公的な領域の狭間にあって、独立した領域をほとんど形成することがなかった。

†「現われの空間」と「活動」の現代的な意味

アレントはこのように古代のギリシアのポリスという政治的な空間を実例として示しながら、人間の活動性には三種類の活動と、それが展開される領域があることを示した。しかしこの領域は、古代のギリシアだけに存在するものではない。たしかにアテナイなどのポリスは崩壊し、ローマ帝国の支配に服従しながら、その自由な活動の余地を制限されるようになった。しかしポリスがその政治的な自由を失ったとしても、人間の活動と、それが作りだす公的な領域の意味が失われたわけではない。

わたしたちが言論と活動によって人々の目の前に登場するとき、つねに「現われの空間」が生まれるのであり、公的な領域が作りだされているのである。たとえば、個人的な問題ではなく、人々に共通する問題を話し合うために集会が開かれたとしよう。マンションの管理のための理事会でも、違法なマンションの建設の反対運動の集会でも、町の自治会でも、学校のPTAでも、個人の私的な利益についてではなく、すべての当事者にかかわる問題を検討する集まりであれば、それは公的な集会だと考えることができるだろう。

その公的な集会において、あなたが挙手して発言したとしよう。そのときにあなたは議論されている問題にたいして自分の意見を述べることになるだろう。ここで何が起きているのだろうか。まずあなたは公的な問題について関心をもっていて発言する意思があることをその挙手で示したということである。集会のうちには、参加が義務づけられているものもあるだろうし、義理やおつき合いで参加しなければならない集会もあるだろう。しかし発言するということは、あなたが公的な問題にかかわろうとしていることを示すものである。

古代のギリシアの民会も、自由な市民は出席が義務づけられていたが、発言する義務はなかった。そして自由な市民でない人々、そして自由な市民であっても、何らかの道徳的な欠陥が公的に確認されている人々には、発言の自由は認められていなかった。発言することは、自分の自由な市民としての公的な地位を確認し、それをさらに強めようとする意志を示すものである。

次にあなたはその自分の発言によって、その集会における議論に影響を与えようとしていることになる。もちろん自分の見栄のために発言する人もいるだろうが、それでもその意見は議論に影響するのである。こうした発言は、他者を言葉によって説得することを目指している。ポリスの民会における発言も、ポリスの方針を定めるために、市民だけに認められた自由な権利であり、対等な市民としての立場から、他の市民を説得するために行われたのである。

さらにあなたはその発言によって、自分がどのような存在であるかを暴露している。発言することによって、あなたはこの集会の場で他者の注目を集める。いわば舞台の上に登場して、スポットライトが当たっているのである。他者はあなたに注目し、あなたの発言に傾聴すると同時に、あなたがどのような人柄であるかを暗黙のうちに計るだろう。この発言によって、「行為者は、自分を活動する者として認め、自分が何をするのか何をしたか、何をするつもりであるかということを知らせる」のである。

そしてあなたはこのように発言することによって、他者の批判をうける用意があることを示したことになる。発言するという行為は、他者を説得しようとする試みであると同時に、その人がどのような人であるかを暴露する。その人は発言することで、「暴露の危険をみずから進んでおかしている」のである。発言するということは、そのようにその人の人格とアイデンティティを作りだすと同時に、それを他者の面前にさらけだす行為である。発言はみずから危険を犯すことであり、その危険を引き受けようとする勇気を示すことである。

またこのように発言することは、他者から反論されることを引きうけることである。他者を説得するという行為は、ほぼ確実に他者からの反論をうけ、批判されるということを想定している。それはみずからへの攻撃を招く危険性を引きうけることである。そして他者を説得するためには、他者からの反論に対処し、その反論に反論をするか、新たな議論の地平を示すことによって、その反論をうけいれながらも、それを乗り越える姿勢を示す必要がある。発言するということは、みずからを露呈する勇気を示すことで、他者との間に関係を構築することを引きうけるということである。

そのためには、集会に参加している他の人々が、自分と平等で自由な人々であるということ、そして意見は多様なものであるということを前提としなければならない。こうした発言は、「人間の多数性」を前提とするものであり、しかもそれぞれの個人が自分に独自の意見を、他者と異なる意見をもつユニークな存在であることを明らかにするのである。「言論と活動は、［それを行う者の］ユニークな差異性を明らかにする。そして人間は言論と活動を通じて、たんにたがいに異なるものであるという次元を超えて抜きんでようとする。つまり言論と活動は、人間が物理的な対象としてではなく、人間として相互に現われる様式である」。

この「現われ」の空間は、公的な領域において人々の注目を集め、スポットライトを浴びるという「明るさ」のうちで初めて可能になる。「この明るさは公的な領域だけに存在する」のである。閉ざされた部屋での密議ではなく、人々の集まりにおいて発言することで、あなたはこの明るさのもとに立つ。そして発言とそれへの反論とさらにその反論への反論を通じて、あなたはそこに出席する人々の間に一つの関係の網の目を作りだす。この関係の網の目は、「わたしたちが共通して目に見ている物の世界と同じリアリティをもっている」のである。

あなたは「現われの空間」としての集会において発言することで、このようなさまざまなことを実現するのであり、そこにはつねに公的な領域が生まれるのである。そしてこの公的な領域は、たんに社会における市民的な活動の分野だけではなく、政治の核心的な領域でも実現されるものである。議会における発言がそのような公的な意味をもつのは明らかであるが、アレントはこうした公的な領域が政治的な分野で重要な役割をはたした実例として、一九五六年のハンガリー革命を挙げている。

この革命では、市民の間で自然発生的に評議会が形成され、その評議会が地域ごとにまとまった上位の評議会を形成し、それが全国的な評議会の形成にいたり、革命の権力を掌握したのである。フランス革命でも同じようにパリの市民が集まった地区委員会が革命を主導したし、ロシア革命でも市民の組織したソヴィエトが革命の最初の主体となったのだった。

こうした公的な領域は、現代でもつねに存在しているのであり、こうした領域に登場することによって、わたしたちはつねにある公的な役割をはたす可能性を与えられているのである。一九三〇年代のドイツで失われていたのは、まさにこのような公的な領域だった。人々が大衆としてではなく、市民として発言するための場が失われていたのである。ハンガリー革命のように、こうした公的な領域が成立していたならば、全体主義によって大衆が組織されることはなかっただろう。アレントが古代ギリシアのポリスを例にあげてこうした公的な領域と活動の意味を示したことの背景には、そうした現代的な差し迫った動機が控えていたのである。そのことは『全体主義の起原』において、大衆におけるこうした公的な領域の欠如が、重要な問題として指摘されていたことからも確実であろう。

2　社会の誕生

†社会の登場

このように古代ギリシアのポリスでは、自己と家族の生存のための私的な領域と、ポリスにかかわる市民の公的な活動のための公的な領域が明確に分離され、対立していた。家族という私的な領域は、人々の生命を維持することを目的とする閉ざされた空間であった。これにたいして公的な領域は、人々が自分のアイデンティティを示し、その人が誰であり、どのようなことをなすことができるかを示す開かれた場であった。

古代のギリシアは、この公的な領域における競争（アゴーン）の精神で満ち溢れていた。というよりもアゴーンの精神に憑かれていたと言えるだろう。「公的領域そのものにほかならないポリスは、激しい競争的《アゴーナル》な精神で満たされていて、どんな人でも自分をつねに他人と区別しなければならず、ユニークな偉業や業績によって、自分が万人の中の最良の人であることを示さなければならなかった。言い換えると公的領域は、個性のために保持されていた。それは人々が、他人と取り替えることのできない真実の自分を示しうる唯一の場所であった」のである。家族の内部は外部には閉ざされた薄暗い空間であり、ここで人々は自宅の壁によって他者のまなざしから守られて、くつろぐことができる。公的な領域では人はスポットライトを浴びて、みずからの卓越さを示すことを求められる。

しかし近代の到来とともに、この二つに明確に区別された領域の間に、「社会」という領域が広がり始める。「薄暗い家族の内部から公的領域の光の中へ社会が現われてきた」のである。「社会」という概念は、人間がともに形成する共同体の意味でも使われてきたために、このアレントの主張はすぐには理解しにくいかもしれない。たとえばトマス・アクィナスは、人間ポリス的な動物であるというアリストテレスの定義をラテン語に翻訳するにあたって、「人間は本性からして政治的、すなわち社会的である」と訳したのだった。トマスは「政治的な」という言葉を、すなわちギリシア語で「ポリス的な」という語を、ただちに「社会的な」と言い換えているのである。

ただしこの「社会的な」（ソキアリス）という語は、アレントの考える「社会的な」（ソーシャル）という概念とは、明確に異なるものである。中世の社会（ソキエタス）という語は、単独では生きることができない人間が集団を作って暮らすことを意味したのであり、これは「人間生活が動物生活と共有しているものであって、人間は仲間と生活しているというだけでは、基本的に人間的なものとはいえなかった。逆にむしろ自然のままのたんなる社会的な交わりは、生物学的生命の必要のために押しつけられる制限と考えられた」のである。

アレントがソキエタスとは異なる意味で考えた「社会的なもの」が登場したのは、近代の資本主義の興隆とともに、市民社会が形成されてからのことである。「私的なものでも公的なものでもない社会的な領域の出現は、比較的新しい現象であって、その起源は近代の出現と同時であり、その政治形態は国民国家である」とアレントが指摘するとおりである。ホッブズからルソーにいたるまで、社会契約論というものが登場したのは、この近代的な社会の誕生を、新たに政治哲学的に基礎づけるためだったのである。

†「社会」の特徴

この近代的な「社会」の基本的な特徴は、それまでの封建制の社会とは異なり、人々が顔のない無名の群衆として登場するということだった。前近代的な社会では、人々は共同体のうちでその身分と役割と位置を固定されていた。しかし農村の伝統的な共同体が崩壊するとともに、多数の無名の人々が都市に集まるようになる。この無名の群衆で作りだされた都市が、市民社会の土台となるのであるが、これらの人々は都市の市民というよりも、住民としか呼びようのない一群の人々だった。このような「根無し草」となった人々が、労働者として資本主義社会を支え、その産物を消費するのである。

この顔のない群衆の作りだす「社会」の特徴は、「画一主義」にあるとアレントは考える。「社会においては、家族よりも人数が多いために、それでなくても共通するただ一つの利害と全員が認めるただ一つの意見が当然にもっている力が、さらに強められる」のである。この画一主義は「ただ一つの利害とただ一つの意見しか許さない」ことを特徴とする。

†経済学の登場

この近代的な社会の登場の帰結は、いくつかの重要な局面で確認できる。第一の局面は、近代的な経済学の登場である。近代的な経済学では、経済活動の主体を、みずからの利益を最大にすることを目指して行動する「ホモ・エコノミス」(経済人)とみなす。これはギリシアのポリスのように、人々が自分の個性を発揮することを目指すのではなく、自分の私的な利益を守るという原則にしたがって行動することを想定した概念である。

人々がこの原則にしたがうかぎり、こうした人々で作られる市場を統制し、制御する国家のような公的な機構は不要とされていた。古典経済学の「父」であるアダム・スミスは、市場に干渉することを避けるならば、「見えざる手」が最善の状態を実現すると主張した。

古典経済学はこのように、人間がアレントの定義した意味で「活動」するものであることを想定しない。各人が自己の卓越を示すために競争するような事態は、例外とみなされる。そしてすべての人が自分の利益を守るという原則にしたがって「行動する」（ビヘイヴ）と想定する。

アレントはこれを「画一主義は社会に固有のものであり、それが生まれたのは、人間関係の主要な様式として行動（ビヘイヴィア）が活動（アクション）にとって代わったためである」と指摘している。近代の経済学は、このように社会の領域で誰もが他の人々と同じように「行動する」ことを前提とすることで初めて可能になったのである。経済学の誕生の前提は、この「行動する」人々である。

この前提は、人々を判断する根拠が、その人のもつ内的な資質ではなく、他者による評価であると考えられるようになったことにも表現されている。これは資本主義社会において貨幣が物神化されたことによって人間もまた貨幣で計られるようになったことの一つの帰結である。

これを資本主義の発達のごく早い時期に指摘したのが、ホッブズだった。それまでは人間は徳の高さによってその真価が評価されてきた。しかし近代の資本主義社会の到来とともに、人間は他者が割り当てる「価格」によって評価されるようになる。ホッブズは「人間の価値（ヴァリュー）、すなわち値打ち（ワース）とは、他のすべてのものについてと同じように、その価格（プライス）である。それはその人の力の効用にたいして認められる金額である。それはそのため絶対的なものではなく、他人の必要と判断とに依存する。……人間も他のものと同じように、売手ではなく買手が価格を決定する[40]」と語っている。人間の価値、個々の人間の貴重さとしてのワースが、商品と同じように価格（プライス）で決定されると考えたのである。

アレントはホッブズがこのように資本主義社会における人間のあり方を鋭く洞察したことを高く評価している。ホッブズは、「社会においては他の人と交換しうるもの以外は何も存在しない[41]」ことを鋭く見抜いたのであり、すべてのものは価格で決定されると断言したのである。それが資本主義社会のあり方であり、アレントは「一切が価値となり、社会のその各々の価格を一般的交換において決定するということは、善や徳が、そしてついには人間までも社会化されたということである。この社会化は、自動的に徹底した相対主義に導く。そこでは〈絶対的なもの〉はもはや確定しえない[42]」と指摘している。社会の領域においては、人々は誰もが他人と交換できるもの、その交換価値の大きさによって計られるものとなったのである。

†官僚制の意味

第二の局面は、政治的な領域において、官僚制が重要な統治制度となったことである。官僚制は、それまでの絶対主義の君主による支配とは対照的に、統治する人物の「顔がない」ことが特徴である。社会には「ただ一つの利害とただ一つの意見」しか存在しえないのであれば、その社会を統治するのは君主のような顔をもった存在ではなく、いつでも交替させることのできる役人であればよいからである。経済学が想定したように、官僚制は「社会が実際に〈見えざる手〉によって支配されているということを、裏返して言えば、社会が誰によっても支配されていないということ」を基礎としているのである。

この官僚制は、公平で客観的な機構のようにみえながらも、現代の社会において、きわめて非人間的なものとなりうる。明確に規定された法によって支配されるのでもなく、自分の決定に責任をもつ個人によって支配されるのでもなく、「見えざる手」によって支配されるということは、個々の人のそれぞれの状況を完全に無視して支配されるということであり、これは完全な責任逃れの口実となりうるのである。

アレントは、官僚制の非人間性について、「こうした官僚機構で支配するのは、法でも人間でもなく、非人格的な役所やコンピュータです。まったく人間の手から逃れた政治による支配は、これまで経験されてきた独裁政治のもっとも法外な専制よりも、人間の自由と最低限の礼儀に対する大きな脅威となりかねないものです[43]」と指摘する。そのために「官僚制はあいにくと誰も支配する者のいないシステムであり、まさにそのためにもっとも非人間的で、もっとも残酷な支配形態なのです[44]」ということになる。

†親密さの誕生

第三の局面は、社会的な領域が市民の生活の非常に大きな領域を占めるようになるとともに、私的な領域を浸食し始め、それが親密さを求めるという心理的な新たな傾向を生みだしたことである。人々が画一的な社会的な人間となったために、社会が家族のもち分を浸食し、家族は「家の壁」によってみずからを保護する機能を発揮することができなくなる。家長は、かつてのような権威のある家族の「長」ではなく、勤労する労働者として資本の命令に服従する存在であり、みずからの力だけでは家族を養い、保護することもできないことがあらわに暴かれる。そのためかつての権威も権限も失われ、家庭の内部にまで「平等」への希求が浸透し始める。

こうして人々は、家族の枠組をこえた社会のうちで、「親密さ」を求めるようになる。

これは家族よりもむしろ友人との間で構築される特別な空間である。この空間は、家庭とは違って、その位置を特定することのできない不可視な空間である。「私的な家族と違って、魂の親密さは、世界の中で客観的で目に見える場所をもたない」のである。

このように近代において親密さが重要になったのは、人々が「現われの空間」としての世界を喪失したことによるものである。公的な領域でみずからの卓越さを示すことができなくなった人々は、社会のうちで親しい仲間と親密な空間を作ることで、他の人々とは異なる独自の生を享受することを望むようになるのである。社会の画一性が逆説的に、社会のうちに区別と差異を求める心情を作りだすことになる。

†フランス革命の破綻

第四の局面として、公共的な領域の侵食が挙げられる。社会というこの新しい領域は私的な領域だけでなく、公的な空間も侵害する。そして私的な活動であった労働が、公的な空間に登場する。社会は私的な領域の目的であった生命の維持を、公的な課題とするようになるのである。社会は「生命過程そのものの公的な組織」となったのである。その証拠は「近代の共同体をすべて労働者と賃仕事人の社会に変えた」ことに示されていると、アレントは指摘する。ほんらいは活動の領域であった共同体が、労働と仕事の領域に変貌したのである。

それを象徴的に示すのがフランス革命である。革命とは人間の自由を実現すべき優れて公的な活動であり、政治的な事件であるはずだった。そしてフランス革命も最初は自由を目的としていた。フランス革命の立て役者の一人であるコンドルセは「『革命的』という言葉は自由を目的とする革命にのみ使うことができる」[45]と語っていたのである。ところが革命が始まるとすぐに、人間の自由の実現という本来の目的は放棄され、貧民の生命と生活の維持が窮極の目的とされるようになった。ロベスピエールは革命の目的を「衣服、食物、自分たちの種の再生産」[46]とみなし、それまで主唱していた「自由の創設のための独裁」[47]という目標を放棄してしまうのである。このようにして、フランス革命をみならって創設された「近代の共同体はすべて、たちまちのうちに、生命を維持するのに必要な唯一の活動性である労働を中心とするようになる」のである。

†現代における三つの領域

このように現代では社会の領域が拡大し、私的な領域と公的な領域のどちらも侵食するようになる。「家族という単位がそれぞれの社会集団へ吸収されていった」ことによって私的な領域の力が弱まっただけではなく、「現代世界で平等が勝利したというのは、社会が公的領域を征服し、その結果、区別と差異が個人の私的な問題になったという事実を政治的、法的に承認したということである」とも言えるのである。

このような社会の領域の拡大は、大衆社会の到来とともに、わたしたちが生きる現実となったのである。わたしたちは社会のうちで生きながら、それでも労働によって私的な空間としての家庭を守り、公的な領域での活動によって、公的な問題に取り組むように務めざるをえない。アレントは現代における政治の領域と社会の領域の違いを、平等と差別という観点から規定している。

その国家に含まれるすべての人を対象とする公的な問題について、現代の社会は法の前での平等を原則とする。その人の財産の多さや役職などの違いにもかかわらず、すべての国民は法の前では平等に扱われる。法律に違反した場合には、どんな地位の人でも原則として平等に扱われるのであり、高い地位にある公務員でも、万引きをした場合には罰せられるのである。「政治体において平等はもっとも重要な原則である」[48]のである。

ただし現代の生活では、こうした政治的な領域はそれほど重要な地位を占めなくなっている。わたしたちの生活の大部分は、差別を原則とする社会的な領域で過ごされるからである。「近代の訪れとともに、ほとんどの人は社会のうちで生涯の大部分を過ごすようになった。わたしたちを壁で囲んで守ってくれる自宅から足を踏みだして公的な領域のしきいをまたいだ瞬間から、わたしたちが入るのは平等を原則とする政治的な領域ではなく、「差別を原則とする」社会という領域なのである[49]」。

†社会の原則

アレントはすでに社会が画一主義を特徴としていることを指摘していた。その社会が、差別を原則とするというのは、すでに確認してきたように、社会のうちで生きる人々の違いは、他者との差異のうちで生みだされるからである。アレントは、高校教育における人種差別の問題について考察した「リトル・ロックについて考える」という論文で、この社会的な領域と政治的な領域の違いについて考察しながら、「人々の違いを作るものはさまざまであり、たとえば専門分野での知識、職業的な資格、社会的な特性、知的な特性などで違いが生まれる[50]」と指摘している。

社会の領域では人々はこれらの特性の違いに基づいて、それぞれに閉じた集団を形成する。テニスが好きな人々はテニスクラブに入り、会計士は会計士だけの閉じた集団を形成するだろう。こうした集団にはその資格のない人々は入ることが拒まれるだろう。しかしそのために人間の平等の原則が犯されたと考える人はいないだろう。テニスができず、ゴルフが好きな人は、ゴルフのクラブを作って仲間と楽しめばよいのであり、テニスクラブや公認会計士の集まりから排除されたとしても、文句をつける筋合いはないのである。社会的な領域では差別と排他性が、重要な意味をもつ。「社会で重要なのは個人的に優れた特性ではなく、人々が所属する集団の差異である。ある集団に帰属するということは、同じ領域のほかの集団を差別することで、その集団の一員として識別されねばならないということである[51]」。

ただし公共的な場においてはこうした差別は許されるべきではない。アメリカ合衆国における公民権運動の進展とともに、誰もが食事できるレストランに白人だけしか入ることができない場合には、人種差別とみなされたし、バスで座る席を白人専用のものとした場合にも、人種差別とみなされた。しかしそうした公共的な場ではない社会的な場では事情が異なる。アレントは、「休暇を過ごす間はユダヤ人を目にしたくない人々を顧客とするリゾート施設があったとしても、それに反対する理由はない[52]」と指摘している。

ただし人種差別にかかわる問題は、それが社会的な領域の事柄ではあっても、アメリカ合衆国のように白人と黒人の差別が画然として存在する国では、ただちに政治的な問題になる傾向があった。現代では、女性差別の問題のように、社会の領域の事柄ではありながらも、政治的な問題として議論されることが多い家庭内の暴力のような問題も、私的な領域の事柄として放置されることはなく、法的な介入の対象となるのである。それでも私的な領域、社会的な領域、公的な領域についてのアレントの考え方は、わたしたちがこうした問題を考える際に、重要なヒントとして役立つものである。

なおすでに指摘したように、『人間の条件』では社会という概念は公共的な領域との対比で、主として否定的な文脈において語られた。社会は画一化を強いるものとみなされていた。しかしこの論文では、社会は仕事仲間と働き、仕事の後では閉じた空間を作りだし、そして他者のまなざしを遮断して、友好的な関係を作りだす社交的な場が可能となる領域とみなされている。「わたしたちは生計を立てるため、または職業につきたいと願うため、あるいは他人とともにあることの喜びに誘われるために、この領域に入らざるをえないのである[53]」。

大衆社会というものが、画一主義が優勢となる領域であるだけに、こうした傾向に対抗するためにも、社会の重要な特徴である親密性の圏域を作りだし、そこにおいて仲間どうしの間で培う友愛と喜びの場を形成しようとするのである。

3 「現われの空間」における活動としての演劇と権力の概念

†「現われの空間」の独自性

このように、古代のギリシアのポリスにおいて市民の主な活動の場であった公共的な領域は、社会の誕生とともに、政治の狭い領域に追い込まれることになった。しかし「現われの空間」はつねに存在しうるのであり、現代においてもつねにわたしたちの前に公的な領域が生まれうる。この公的な領域は、一般に考えられているように、政治的な領域だけを意味するものではない。むしろ社会的な領域と政治的な領域にまたがるようにして作りだされると考えるべきなのである。

この「現われの空間」は、労働が支える生命の活動が行われる場ではないから、個人の生命と種の保存を目指す「私人」の領域ではないのは明らかである。ただし仕事が作りだす「物」としての作品の世界でもない。だから技術によって可能になった永続的な事物と作品によって作りだされるほんらいの意味での「社会」の領域でもないだろう。そして公的な問題についての審議が行われる純粋な意味での「政治」の領域でもないだろう。

すでに集会での発言について考察してきたように、この領域は、わたしたちが他者の目の前に登場して活動することによって、そして言葉によって発言することによって生まれるという特徴をそなえている。ただし語られる言葉がすべて、このような公的な領域を生みだすものではないだろう。

わたしたちが語る最初の言葉はおそらく、ルソーの『人間不平等起源論』で語られているように、母親が子供に語る言葉や、異性の相手に語る愛の言葉だっただろう。これらの言葉は個人の生命と種の保存に役立つものだろう。それは私的な領域で語られるものだろう。これらの言葉は語られることで、すでにその役割をはたしている。それは記録される必要もなく、その役割をはたすとともに、消えゆくものである。

†語られる活動としての演劇

しかし語られる言葉が、その場かぎりで消えるべきものではなく、人々に記憶され、愛される作品となることがある。古代のギリシア悲劇は、そのようにして芸術作品としての地位を確立した。悲劇は演じられるものである。そして演じられた悲劇は、観客の前で人々に感銘を与え、人々を動かす。ただし上演が終れば、後に何も残さない。舞台に立った役者は、人々の前にスポットライトを浴びて演技し、人々に語りかける。ホメロスや琵琶法師のように、多くの観客の前で一人で楽器をもって歌う人もいるだろう。ギリシア悲劇のように、コーラスとしてのコロスと役者の複数の声が演じられることもあるだろう。このような演劇は、「現われの空間」に登場するものであり、活動という意味をもつ。これは公的な領域での言葉なのである。以下では「現われの空間」において演じられる演劇という活動について考えながら、この「現われの空間」のもつ特質について考察してみよう。

演劇によって束の間だけ姿をみせるこの「現われの空間」は、つねに消滅すべきものである。わずかな時間において、語り手は人々に感銘を与え、そして舞台裏にひっこむ。公的な光を浴びて演じられる時間は短いものである。しかし人々に感銘を与えたパフォーマンスであればあるほど、人々はそれを記憶し、想起したいと願うだろう。そのときに登場するのが、仕事の領域で働く人々である工作者である。工作者は「作品」を作りだす。アレントはこの工作者の役割について、「活動し、語る人々は、最高の能力をもつ〈工作者〉、すなわち芸術家、詩人、歴史編纂者、記念碑建設者、作家の助力を必要とする。なぜならば工作者の助力なしには、彼らの活動の産物、彼らが演じ、語る物語は、決して生き残らないからである」と説明している。活動と言論は、作品の中に「物化される」ことなしには、語り伝えられることはないのである。

活動と言論は、作品の中に「物」として記録されることで、初めて後世まで生き延びることができる。しかし作品がそのもっとも本来の姿を示すのは、それが読者によって孤独のうちで黙読されるときではなく、それが観客の前で演じられるときである。ここに悲劇作品を作りだす仕事と、それを人々の前で演じる活動の重要な相互的な関係がある。

これをもっとも明確に示すのが、悲劇などの演劇作品である。悲劇は最初はアテナイの祭日の公的な空間における催し物として、ポリスの市民の目の前で演じられた。しかしそれは演じられることでその使命をはたし、人々の目の前からは消滅する。しかしこうした公的な活動は、それを見た人々に感銘を与え、記憶され、想起されることが望まれる。そこで工作者が登場し、演じられたものを言語において記録することで、世界の中で財産として伝承される「作品」を作りだすのである。

しかしこの作品は絶えずみずからが演じられることを求めている。人々の前で公的な空間の「光」の前に現われ、活動として演じられるときに、人々はふたたびそれによって感銘をうけるのである。演じられたときに初めて人々はその劇の人物のアイデンティティをみずからの体験として確認することができる。「物語における行為者の触知することのできないアイデンティティは、一般化できないものであり、物化できないものであるから、ただその活動を模倣して伝達することができるだけである」。

演劇作品は、それが演じられることで、かつての行動を再現し、模倣し、伝達する。そこにおいて観客の前に、かつての公的な空間の中で演じられた活動が、ありありと生《なま》の形で姿を現すのである。そのために演劇は、公的な活動の再現という意味を帯びることになる。「これは演劇がすぐれて政治的な芸術である理由である。人間生活の政治的な分野を芸術に移すことができるのは、ただ演劇だけ」なのである。それが演劇の役割である。

†公的な領域と権力

このように演劇が政治的な芸術であるのは、演劇は人々の目の前で演じられることによって、かつての公的な催しにおいて演じられた政治的な活動を再現するからである。ここで再現されたものは、かつて存在していた活動する人々の間に成立していた相互的な権力の関係である。アレントは、公的な領域においてはつねに人々の間に権力的な関係が生まれると考えている。これを、ソポクレスの悲劇作品『アンチゴネー』を例にとって考えてみよう。この劇は、オイディプスの二人の息子たちがテーバイの王位を争ってたがいに殺しあった後に、テーバイの王になった叔父クレオンと、オイディプスの娘であり、クレオンの姪にあたるアンチゴネーが、激しく対立する相剋の物語であり、まさに二つの権力が対立する劇である。

テーバイの王クレオンは、テーバイを守護しようとして死んだエテオクレスはていねいに葬るが、テーバイの王権を手にしようとして戦死したポリュネイケスの死骸は葬ることを許さず、みせしめに露天にさらしたままに放置させる。妹のアンチゴネーは王の命令に背いて、死せる兄を葬ろうとして捕縛されるのである。

この二人の対決は、ポリスの現世的な権力を握る王のクレオンと、死者を司る女神の命令にしたがって、兄を葬ろうとするアンチゴネーの対決であり、世俗的な権力と宗教的な権力の対決の劇でもある。この演劇はとくに政治的に強い意味をおびているが、そもそも演劇というものは、つねに人々の間の関係を再現するものであるがゆえに、「政治的な芸術」なのである。この人々の関係のうちで生まれているのは、そしてこの悲劇が再現しようとしているのは、どのようなものだろうか。それは登場人物の間の「権力」の関係なのである。

権力という語は、通常は社会学的に「他人を強制し服従させる力、とくに国家や政府などがもつ、国民にたいする強制力」のような意味で理解されることが多い。ウェーバーは権力を「ある社会的な関係の内部で抵抗を排してまで自己の意志を貫徹するすべての可能性を意味し、この可能性が何に基づくかは問うところではない」[54]と定義している。『アンチゴネー』で言えば、ポリスの王となったクレオンがポリスの市民の一人であるアンチゴネーにたいして行使する威力のようなものとして考えられる。

しかしアレントは権力というものをこうした強制力としては考えない。アレントは公的な空間において人々が関係を構築するとき、そこにごく自然に権力的な関係が生じると考えるのである。権力は王であるクレオンが行使する政治的な力であるよりも、クレオンとアンチゴネーの間で成立する関係のうちで働く力のようなものである。クレオンが一方的に権力を強制的な力として行使するのではなく、二人が公的な空間に現われ、たがいに相手に向き合って言葉を交わすときに、ごく自然に権力関係が生じるのである。

この悲劇作品『アンチゴネー』は、ポリスという公的な空間において戦われる二つの権力の相剋と、それが必然的にもたらす惨劇を描いた劇である。演劇はこのように、公的な領域における人々の力関係としての権力の劇なのである。ここにはほんらいの意味での政治的な関係は存在しない。ただ王であるクレオンの国王の権力と、それに逆らう姪のアンチゴネーの体現する家族の領域の権力とが対抗することで生まれる悲劇が描かれるだけである。ソポクレスは、アンチゴネーに語らせる言葉のうちに、観客の前に叔父と姪という親族の間で生まれた対立の背後にある権力関係を描きだす。アンチゴネーは兄のポリュネイケスを葬るという行為と、国王の命令に反抗するその言葉によって、人々の前の「現われの空間」に登場し、公的な領域における冒険を遂行することで、死を迎えるのである。

†権力の三つの特徴

このように純粋な意味での政治的な行為は描かれないものの、演劇とは観客の前に登場する役者たちがさまざまな人間関係を演じてみせることで、公的な領域での活動を再現することのできる芸術である。演劇においては、人々の間に生まれる権力の関係が描きだされることが多いものであり、その意味で演劇は「政治的な芸術」なのである。

すでに述べたように、この「権力」という概念は、一般に考えられるような政治的な意味での権力ではなく、二人の（あるいはもっと多数の）人間が向き合うときに生まれる力のようなものである。アレントの考える権力には主として三つの特徴がある。第一にこれは、共同の活動が行われるときに働くものである。「権力は、ただたんに行為するだけでなく、「他者と」一致して行為する人間の能力」(55)である。そのようなものとして「権力は人々が共同で活動するときに人々の間に生まれ、人々が四散する瞬間に消えるものである」。そのようなものとして、「権力が発生するために欠くことのできない唯一の物質的な要因は、人々の共生である」。人々がともに生きるとき、そこにはつねに権力が発生するのである。

第二にこの権力は、人々が共生する公共的な領域を存続させる力を発揮する。「権力は、活動し、語る人々の間に現われる潜在的な出現の空間、すなわち公的領域を存続させるものである」。そのことは逆に言えば、共生の空間が消滅すると、権力も消滅するということである。「人々の共生によって存続するもの、それが権力である」。

第三に、人間の身体的な力は分割することができないが、権力は分割したり、増大させたりすることができるものである。三権分立という概念が示しているように、権力はさまざまな形で分割することができる。さらに人々が対立するのではなく、協力して力を合わせるときには、人々の権力はさらに強大なものとなりうる。「抑制と均衡という権力の相互作用は、さらに権力を強める傾向がある」のである。

このようにアレントの考える権力の概念は、社会的な空間の内部での強制力という社会学的な権力の概念や、国家権力の概念を重視したマルクス主義的な権力の概念とは明確に異なるものである。これらの権力概念は他者の意志を強制する力に重点を置くが、アレントは複数の人間の意志の協調に重点を置くのである。権力は共生の空間で初めて生まれ、共生の空間が消滅すると失われるものである。それが権力の概念が、暴力などのその他の力の概念と異なるところである。

†体力、強制力、暴力

アレントは権力（パワー）に類似した概念として、体力（ストレングス）、強制力（フォース）、暴力（ヴァイオレンス）などを挙げて定義している。体力《ストレングス》は個人の腕力であり、これは他者を強制することのできる力である。「体力は独居にある個人の自然的な特質」であり、人によって異なるものである。オリンピックのような「二人の人の人間の競技において勝敗を決するのは、権力ではなくて、体力である」。この体力には大きな限界がある。強い人でも疲労すればその体力を発揮できないし、多数の人々に力で対抗することはできない。また体力が及ぶ範囲はきわめて限定されているのである。

これにたいして強制力《フォース》は、強制手段としての暴力と混同されることが多いが、自然の力や事態の成り行きのように「物理的運動や社会的な運動から生まれるエネルギー[56]」として理解すべきだとされている。

またアレントの暴力《ヴァイオレンス》の定義はかなりユニークである。この概念は体力との対比で考えられている。体力は力の及ぼす範囲と大きさに、人間の身体的な限界があったが、人間は技術的な手段を利用することで、この限界を乗り越えることができる。体力の劣る女性でもピストルをもっていたら、襲ってきた巨漢を制圧することができるだろう。アレントはこのような「道具を用いる」[57]ことで、力を拡大することを暴力と定義するのである。

これらのさまざまな力とは異なり、権力だけが共生の空間において、人々が意志と力を合わせることによって生まれるものである。体力が家庭や人々の間の私的な領域で形成され、発揮される人間の身体の力であり、暴力が世界において工作物を利用することで生まれる他者を制圧する力であるのにたいして、権力は公的な空間において、政治的な活動の結果として、この公的な空間を維持し、存続させるために使われる力である。アテナイのような小さなポリスが、古代のギリシアで大きな権力を発揮することができたのは、ペルシアのように軍事力が優れていたからではなく、ポリスの市民が力をあわせて民主的な政治制度を確立し、維持し、外敵からそれを護持する決意をもっていたからであり、さらに同じような民主的な体制の諸ポリスと同盟していたからである。

権力と暴力の違いを示すためにアレントが好んで挙げる実例が、インドのガンジーが指導した非暴力運動である。「物質的に強力な支配者にたいする民衆の反乱でも、その反乱がたとえ物質的にはるかに優勢な強制力に直面しても、暴力の使用を控えるならば、ほとんど抵抗しがたい権力を生みだす場合がある」のである。アレントのこの権力の概念は、権力をマルクス主義的に国家の強制力として考えるのではなく、人々の間に生まれる積極的な力とみなすところに重要な特徴がある。

アレントが指摘したように、権力は、公的な空間で生まれ、これを維持することのできるものである。多くの民主主義的な国家の憲法で定められているように、権力はその他の力と異なり、分割されることで、さらにこの国家の権力を高めることができるという特異な性質をそなえているのである。

ところが西洋の哲学の伝統では、マルクスの権力概念にみられるように、他者を強制し、抑圧する暴力的な手段とみなされてきた。アレントは、人間の公的な領域で生まれる権力が、もともとは私的な領域において家長が家族に行使していた暴力と同一視されることは、公的な領域についての理解に歪みがあったからだと考えている。公的な領域における権力が、私的な領域や社会的な領域の暴力と同じようなものとみなされるということは、公的な領域の本質が、私的な領域や社会的な領域からの類推によって理解されているということである。アレントは公的な領域の概念を考察しながら、やがては西洋の哲学の伝統においても同じような誤解が存在していることに、批判のまなざしを向けるようになる。以下では節を改めて、アレントの西洋哲学の批判に注目してみよう。

4 西洋哲学の伝統と社会

†アレントのマルクス批判の意味

権力の問題に象徴的に示されているのは、私的な領域や、私的な領域と公的な領域の中間に形成された社会という領域に適用される概念によって、公的な領域の事柄が理解される傾向があったということである。そしてこのことが、哲学の伝統においても、いくつかの思想的に重要な過誤を発生させたと、アレントは考えている。しかもその過誤の根源は古典古代のギリシアにまでさかのぼるものである。

もちろんアレントの言う意味での「社会」が誕生したのは近代の国民国家の時代においてであるが、それまでも人間の三種類の活動性の違いによって、人間が自己を保存する私的な領域における労働、人間が工作することによって共同の世界を形成する仕事、人間が他者に働きかける公的な領域における活動は、明確に違う性質のものであった。それにもかかわらず、それぞれの活動性の違いとその領域の区別が明確に認識されていなかったために、哲学的にも重要な過誤が生じていたのである。

この思想的な過誤について、アレントは三つの重要な問題を提起している。そしてこれらの三つの重要な問題はどれも、マルクスの思想において集中的に表現されていると考えたために、マルクス批判を展開したのだった。そのためアレントのマルクス批判は、たんに一九世紀に生まれたマルクスとマルクス主義（そしてそれを引きついだスターリニズムによる全体主義）の批判を目指すものであるだけではなく、古代のギリシア哲学からの西洋の哲学の伝統の批判にまで進まざるをえないのである。このアレントによる西洋哲学批判という観点から、アレントのマルクス批判を検討してみよう。

アレントによるマルクスと西洋哲学への批判は次の三点に集約できる。第一に、人間の本質についての理論における誤謬の批判、第二に、権力と暴力、統治と支配の混同によって生まれた誤謬の批判、第三に、行為と実践についての理論の批判の三点である。マルクスは（そしてエンゲルスは）、これらの三点に関連して、三つの有名なテーゼを提起した——「労働が人間を創った」、「暴力は歴史の助産婦である」、「哲学者はこれまで世界をさまざまに解釈してきたにすぎない。重要なのは世界を変革することである〔58〕」というテーゼである。

以下ではこれらのテーゼを手がかりに、アレントがどのようなところにマルクスの過誤が、そして西洋の伝統的な哲学の過誤があったと考えているかを考察してみよう。これらのアレントのマルクス批判は、全体主義をその思想的な背景から批判するという意味をもっていたのである。

†「労働が人間を創った」――第一のテーゼ

第一の「労働が人間を創った」というのは、エンゲルスが論文「猿が人間になるにあたっての労働の役割」で明確に示したものであるが、初期のマルクスもまた、「対象的な世界の実践的な産出、非有機的な自然の加工は、人間が意識的な類的存在であることの確証であり、つまり類としての自己の自身の本質として、あるいは自己に類的存在としてかかわるような存在であることの確証である〔59〕」と、労働によって人間はその本質を明確に示すことを主張しているのである（ただしマルクスは労働における人間の疎外にとくに注目したのであり、労働が人間の本質そのものであると考えていたわけではない）。

この理論がアレントの考える人間の三種類の活動性の理論と正面から対立するものであることは明らかだろう。すでに確認してきたように、アレントによると労働は人間が自己を保存するために必然的に遂行しなければならない営みであり、それが「人間を創った」

とか、人間の「本質」であると考えるのは、私的な領域と公的な領域を混同する転倒した考え方にほかならない。

古代ギリシアではこれらの三つの領域は明確に区別されていた。ポリスの競争的な（アゴーナル）世界では、人間の真価は他者に自己の卓越を示すことによって明らかにされるのであり、そのためには人間は自由な存在でなければならなかった。人間は公的な領域において活動することによって、自分が「誰であるか」を示すのであり、活動こそが人間にとってもっとも重要な営みであると考えられてきた。そのためにこそ私的な領域と公的な領域は明確に区別して考えられていたのである。

また人間がさまざまな芸術活動によって世界に永続性と耐久性をもたらしたのは、労働によってではなく、工作者である人々の仕事が「作品」を作りだすことによってである。「永続性と耐久性がなければ世界はありえないが、それを世界に保証するのは、世界の部分として眺められた仕事の産物であって、労働の産物ではない」のである。これは社会的な領域が私的な領域とは明確に区別して考えられていたことを示している。

ただし古代のギリシアにも別の意味で、公的な活動を軽視するという問題があった。たしかにアリストテレスは「人間とはポリス的な動物である」と主張することで、人間にとってはポリスにおける公的な活動が重要な意味をもつことを指摘していた。また「人間はロゴスをもつ動物である」と主張することで、言論が人間にとって重要であることを指摘していた。その意味ではアリストテレスは人間にとってもっとも重要な行為が、ポリスという公共の領域での活動と言論であることを、明確に主張していたのである。

ところが一方ではアリストテレスは、人間にとっての至福の行為が「神の観想」にあると考えていた。アリストテレスは、神の活動は、自己についての観想であることを指摘しながら、「人間の活動のなかでも、これにもっとも類縁の［観想の］活動がもっとも幸福な活動であることになろう」[60]と語っていた。これはポリスにおける公的な活動としてのビオス・ポリティコス（政治的な生）ではなく、思考の行為としてのビオス・テオレーティコス（観想的な生）を、人間の活動のうちで最高のものとするということである。これは人間についてアリストテレスがみずから示した二つの定義に反するのである。

アレントは、古代ギリシアのアリストテレスにおいてこのように、公的な領域の活動よりも、神の観想という私的な領域での営みを重視する傾向があったことに注目する。そしてこのことが、私的な領域における労働を人間の「本質」と考えるマルクスの過誤につながったと考えるのである。アレントによると、労働という私的な領域の活動を人間の「本質」と考えたマルクスは、人間の自己保存の活動を類的な活動とみなすことにおいて、公的な領域と私的な領域を混同するというアリストテレスの過誤を反復し、拡大していることになる。このようにしてマルクスにおいて、「ギリシアのポリスの経験からくみ取られたアリストテレスの洞察と、自由概念の政治的中心点が失われてしまった〔61〕」とされるのである。

†「暴力は歴史の助産婦である」――第二のテーゼ

第二のテーゼは、「暴力は歴史の助産婦である」というものである。これは暴力が人間の歴史を推進する原動力であったと考えるものである。マルクスは『資本論』で、「古い社会が新しい社会を孕んでいるときは、暴力がその出産の手助けをするのである〔62〕」と語っていた。アレントにとってはこのテーゼは、マルクスにおける権力と暴力の概念の混乱を集中的に示すものである。マルクスにとって権力は、国家の権力のように、ブルジョワジーがプロレタリアートを抑圧するために用いる手段とされることが多かった。しかしすでに確認したようにアレントにとって権力とは、人々の間で生まれるものであり、公的な領域が維持されるために必須のものであった。古代ギリシアにおいても、暴力はペルシアのような専制的な帝国が行使する威力であり、ポリスでは暴力ではなく、言論による説得によって初めて維持されるものと考えられていた。

さらにマルクスが権力をブルジョワジーがプロレタリアートを支配する力と考えたとい

うことは、国家という公的な領域で行われているのは、統治ではなく支配であると考えたということである。しかし古代以来の共和主義の伝統では、人々は公的な領域で活動することで、自分たちの自由と独立と共同性を確立することができると考えてきたのである。アリストテレスが「人間はポリス的な動物である」と定義したのは、人間だけが共同して国家を形成することで、「最高の善」[63]を実現することを試みる生き物だからである。この国家では人々は支配し、支配されるのではなく、たがいに法の前で平等な市民として統治し、統治されると考えるべきなのである（もちろんアリストテレスもまた神の観想を人間の最高の活動とみなすというプラトン以来のギリシア哲学の傾向から逃れることができなかったのは、すでに確認したとおりである）。

ただし古代のギリシア以来の政治哲学にも、このような権力と暴力、統治と支配の概念の混乱は生じていた。プラトンは最善の政治家とは、「一つの思いと友愛とによって国民の生活を共同なものに集めて一緒にし、すべての織物のうちでもっとも壮大なものにして最善なものを仕上げ、そして国内の他のすべての者を、……支配し、監督する」[64]ものであると語っていた。

ここでプラトンが政治家の任務を最善の織物を制作することであると考え、その役割が市民の「支配」にあると考えていたのは明らかである。プラトンのこの言葉には、統治と支配の混同があるだけではなく、仕事と活動の混同もみられることに注意しよう。市民はポリスにおいて活動することで、共同体を維持していくはずであるのに、政治家の活動が織物を織るという工作者の制作の仕事の比喩で語られているのである。

プラトンにおいては政治という活動が、「支配関係の技術」[65]として語られているのであり、アレントが指摘するように、プラトンの哲学においては「もっとも高い意味において支配するということは、たんに臣民を暴力を用いて強制するだけではなく、彼らをもっとも高いイデアである正義のイデアに一致するように、ポリスの形式にあてはめて作りあげることを意味したのである。権力はこの目的のための手段なのであり、もっとも人道的ではあるが、いまだに完全に無慈悲な暴力の一種なのである」[66]。このようにプラトンにおいてもすでに権力を手段とみなし、人々を教育してポリスにふさわしい市民へと「作りあげ」、そのために暴力を使って「支配する」ことが重要だと考えられていた。これは私的な領域で使われるべき力を、公的な領域で使うことを当然とみなすものである。これは古代ギリシアのアテナイなどのポリスにおける自由の理念とは背反したものだった。

†「重要なのは世界を変革することである」——第三のテーゼ

第三のテーゼは理論と実践にかかわるものである。マルクスのこのテーゼは、哲学的な理論を否定し、実践を重視するものであることを考えると、一見すると観想的な生（ビオス・テオレーティコス）よりも政治的な生（ビオス・ポリティコス）を重視するという意味で、アレントの理論と一致するかのようにみえる。しかしアレントはここにも重要な錯誤をみいだしている。というのもこの時代のマルクスは、このテーゼを哲学者と革命家の対立として提起すると同時に、哲学を真の意味で実現するための方法として提起しているからである。この時期のマルクスはヘーゲル哲学を批判しながら、「哲学が現実のものとなるためには、プロレタリアートの身分が廃棄される必要があり、プロレタリアートは哲学を現実のものとすることなしに、その身分を廃棄することはできないのである[67]」と語っているからである。革命は、プロレタリアートがみずからのあり方を廃棄することで、哲学を現実のものとするための方途なのである。マルクスによると実践は理論を否定するのではなく、実践が理論を実現するのである。

マルクスはヘーゲルの歴史哲学をうけついで、革命とは、疎外の極にあるプロレタリアートが、真の意味での人間性を実現する道であると考えた。それはヘーゲルが人間の歴史を、絶対精神の実現の道として考えたのと同じである。その思考の背景には、人々の公的な領域での活動への信頼ではなく、人間の歴史をある意図のもとで作りあげようとする考え方がある。これはプラトンの政治家が、正義のイデアに基づいて最善の国家を美しい織物のように制作しようとしたのと同じ発想なのであり、社会的な領域の概念である「仕事」と「工作」の考え方を、公的な領域での「活動」に適用しようとしているのである。

†西洋哲学の批判

このようにアレントは、労働、歴史、哲学の意味について考察したマルクスが、プラトンにならって人間の政治的な活動の意味を製作の概念で考えていたことを指摘する。そしてこのことが、スターリニズムにいたる全体主義の誕生の一つの裏の道筋だったと考えるのである。アレントが「マルクス主義が全体主義のイデオロギーにつながりえたのは、政治的行為を歴史の製作とひとしいものとみなす曲解あるいは誤解のためだった」[68]と語るのはそのためである。全体主義はその意味では、古代ギリシア以来の西洋の哲学の歴史の伝統の一つの帰結といえるのである。

もちろん全体主義を西洋の哲学の帰結とみなすのは極論である。しかし西洋の哲学の伝統が「最終的には全体主義に行きついてしまった」[69]とするならば、「偉大な伝統そのものがそこへ導いたからには、西洋のあらゆる政治哲学には根本的な誤りが潜んでいるに違いない」[70]と言わざるをえないのもたしかである。そのように考えると、アレントが『人間の条件』において人間の活動性を労働、仕事、活動に分類して、古代のギリシアからマルクスまでの哲学の流れを検討したのも、西洋の哲学に潜むこの「根本的な誤り」を暴くためだったとも言えるだろう。

この誤りは理論的なものにすぎないとしても、それが公的な領域の意味を失わせる性格のものであることを考えると、ナチスのもとでのドイツの社会がそうした公的な領域に関心を失っていたことを、裏側から説明するものとなるだろう。そしてある意味では、マルクスの哲学に含まれていた過誤が、マルクス主義がスターリニズムという全体主義につながるのを防ぐ「歯止め」をなくす役割をはたしたとも言えるのである。

第3章
悪の凡庸さ
――『イェルサレムのアイヒマン』を読む

1 アイヒマン裁判

すでに紹介したように、アレントはみずから志願して、ジャーナリストとしてアイヒマン裁判の傍聴を望んだ。それは以前にアウシュヴィッツで起きた出来事についてのニュースを耳にしたときに「奈落の底が開いたような経験」をしたアレントが、この「決して起こってはならないこと」がどのようにして起きたのかを、ヒトラーのユダヤ人撲滅作戦の責任者の一人だった元ナチス親衛隊中佐のアドルフ・アイヒマンという実例を手がかりに考えたいと思ったからだろう。アレントは最初は、このナチスの手先のアイヒマンという人物の裁判において、その極限的な悪が暴かれると考えていたに違いない。

しかし裁判を傍聴してアレントが気づいたのは、アイヒマンはふつうに考えられるような極悪人とはほど遠い人物であるということだった。アレントのアイヒマンの第一印象は、「アイヒマンはまるで幽霊のよう、おまけに風邪まで引いていて、ガラスの檻［被告席は防弾ガラスで囲まれていた］に入っているその姿はむしろ降霊術の会に降りてきた幽霊といったところ。不気味ですらありません」[71]というものだった。アイヒマンは悪魔的な人間どころか、不気味さすらまったく欠如した幽霊のような存在だったのである。

アレントはこの裁判には両義的な姿勢を示している。一つにはこの裁判がアイヒマン本人の罪を暴き、裁くという本来の目的だけでなく、イスラエルの「政治ショー」という性格を帯びていたからである。アイヒマンの犯罪を証明するために六冊もの記録が読まれながら、そのうちにアイヒマンの名前はまったく登場しないなど、裁判の目的を疑わせることもあったのである。他方でアレントは、ゲットーでの蜂起の指導者の一人の女性が証言したときなど、深い関心をもって裁判に耳を傾けたのだった。

この裁判で検察側はアイヒマンを、意図的にユダヤ人を迫害し、殺害した極悪人として描きだそうとした。一部の精神医学者たちは、アイヒマンを「危険な飽くことなき殺人衝動に憑かれている男」とか「倒錯したサディスティックな人格」[72]ときめつけた。しかし、もしもそれが正しいのであれば、アイヒマンは精神病院に送るべき人物であり、死刑を執行することはできなくなる。

また検事が主張しようとしていたこととは逆に、「アイヒマンは狂的なユダヤ人憎悪や狂信的な反ユダヤ主義の持ち主でも、なんらかの思想教育の産物でもなかった」。しかしそうなると、アイヒマンはどのような気持ちで罪を犯したのだろうか。困惑したのは判事たちである。判決を下すべき判事たちは「精神薄弱でも思想教育された者でもひねくれた心の持ち主でもない〈正常な〉人物が、善悪を弁別する能力をまったく欠いているなどということを容認できなかった」ために、判決を下す際に困惑したのである。

†アイヒマンの主張

アイヒマンは、「ユダヤ民族にたいする罪、人道に反する罪、ならびに戦争犯罪を犯した」という三つの罪で告発されていたが、アイヒマン自身はこれらのすべてについて「起訴状の述べている意味では無罪」を主張した。アイヒマンが軍人としてユダヤ人の移送にかかわっていたことは事実であり、アイヒマンもそのことを否認しようとしたわけではない。アイヒマンの主張しようとしたことは、主として次の三点にまとめられるだろう。

第一のユダヤ民族にたいする罪については、アイヒマンは自分は、ユダヤ人の殺害については無罪である、と主張した。アイヒマンは「ユダヤ人殺害にはわたしはまったく関係しなかった。わたしはユダヤ人であれ非ユダヤ人であれ、一人も殺していない。そもそも人間を殺したことがないのである。わたしはユダヤ人もしくは非ユダヤ人の殺害を命じたこともない」と主張した。そして検事側も、アイヒマンが実際にユダヤ人を手にかけたことも、その殺害を命じたことも証明できなかった。この告訴理由についてはアイヒマンは無罪なのである。

第二は、人道に反する罪という起訴理由にかかわる反論である。この起訴理由が該当するためには、人道に反する罪を禁じる法的な根拠が必要となるだろう。しかしこれが罪として定められたのは第二次世界大戦の戦後になってからである。この規定は、ドイツの戦犯を裁いたニュルンベルク裁判のために、戦勝国であるイギリス、フランス、アメリカ合衆国、ソ連の四国が、一九四五年八月八日に採択した国際軍事裁判所憲章で定められたものであり、戦時中のアイヒマンに遡及的に適用することはできないはずだった。アイヒマンが問題となる行為を遂行していた時期には、この規定とは無関係に、当時のドイツの法律にしたがって行為していたのであり、「彼の行ったことは遡及的にのみ罪となるのであり、彼はつねに法に忠実な市民だった。彼が最善をつくして遂行したヒトラーの命令は、第三帝国においては〈法としての力〉をもっていた」のである。

このことは、アイヒマンだけにかかわる問題ではない。それと当時のドイツ国民のすべてにあてはまることだった。「八千万のドイツ人の社会は、まさに犯罪者と同じやり方、同じ自己欺瞞、虚言、愚かさをもって（それらは今やアイヒマンのメンタリティにしみこんでしまっていた）、現実と事実にたいして身を守っていた」のである。これについてもアイヒマンだけが罪に問われる理由はなかったのである。

ただしアイヒマンは、自分がユダヤ人の絶滅に手を貸したことは認めていた。「もちろん、もしも彼がユダヤ人を移送しなかったならば、彼らは屠殺者の手に引き渡されはしなかっただろう」というのは確かである。アイヒマンはそのことを認め、みずから有罪になることを望んでいたし、自分がすべての人の目の前で絞首刑になることを望んでいたほどなのである。

第三の戦争犯罪についての告訴理由にたいしては、アイヒマンは自分は軍人としての義務にしたがったのであり、それが死刑を招くならば仕方がないが、これらの告訴理由はそのこと自体を罪としていないと主張した。アイヒマンはヒトラーの命令にしたがって、「人を殺す義務の遂行に、徹底的に忠実だった」のである。アイヒマンはこれについて法理論的には、次のように主張することができただろう(アイヒマンはそのようには主張しなかったが)。「当時存在していたナチスの法体系のもとではわたしは何も悪いことはしていない。現在自分に問われているものは犯罪ではなく、〈国家行為〉であって、これについては他の国は裁判権をもたない。服従するのは自分の義務だったのである」。

†「組織の歯車」の理論と「小物」理論

これに関連して戦争犯罪でよく主張されたのは、自分は「組織の歯車」だったという主張である。戦争犯罪を問われたすべての被告は、組織の一員である自分はそうするしかなかったのであると、次のように主張することができただろう。「それを実行したのは個人《パーソン》としてのわたしではありませんでした。わたしはみずからの発意でいかなることを行う意志もなく、その力もありませんでした。わたしはたんなる歯車であって、他者と取り替えることができるものであり、わたしの地位にあれば どんな人でも同じことをしたでしょう。わたしがこの法廷に立たされているのは偶然の結果なのです[73]」。

そしてアイヒマンも同じことを主張していた。アレントは「たしかにアイヒマンは小さな歯車にすぎなかったと弁護側が訴えるのは予測できたことでした。そして被告自身がこのように考えていることはありうることでしたし、実際にそう主張しました[74]」と指摘している。

これとほとんど同じような自己弁護の役割をはたした理論として、「小物」理論がある。最終的な階級が親衛隊中佐だったアイヒマンは「大物」だったが、アウシュヴィッツ裁判で裁かれた被告たちは、軍の階級でせいぜい大尉どまりの人々だった。ただしアイヒマンは実際に手を下して殺人を犯したことはなかったとしても、これらの被告たちは実際に自分の手で、多数の人々を殺害していたのである。そこでこれらの被告たちは、自分たちは大物である上司に命令されて、罪を犯したのであると主張したのだった。

たしかにこれらの被告にたいしては、「大量殺戮の犯罪を実行するという決定」はヒトラーの命令として伝達されていたのであり、彼らが裁かれている犯罪は、「実際に手を汚す必要のなかった高位の〈覆面の殺人者たち〉が、細かに配慮しながら組織した犯行だった」[75]のである。これらの被告はこの「小物」理論によって、命令を下した大物たちこそ裁くべきだと主張したのである。

もっともこの裁判でアイヒマンは、自分が「歯車」であることは主張したものの（ヒトラー以外のすべての人は自分が総統の〈歯車〉にすぎないと感じていたはずである）、自分が小物であると主張することはなかった。アイヒマンは自分が「大物」であることを自認していたのである。

†アイヒマンの抗弁

これらは検事側の告訴理由にたいするアイヒマンの反論である。ただしアイヒマンの主張はこれらに限られるものではなく、さらに広い意味で抗弁したのであり、こうした抗弁のほうが興味深いものである。というのも、アイヒマンの以下の抗弁は、第三帝国にあってヒトラーの命令に抵抗せず、ユダヤ人の迫害を横目で眺めていたドイツ社会のすべての人々が語りうるものだったからである。

アイヒマンの第一の抗弁は、自分の行為は当時のドイツの思想的な流れに棹さしたものであり、他の多くの人々と同じことをしたにすぎないというものだった。ドイツの「〈どこの上流社会〉も彼と同じ反応を熱烈に、そして真剣に示していたのであり、それをみては実際に彼の良心はもはや悩む必要がなかった……。彼の良心は、〈尊敬すべき声〉で、彼の周囲の尊敬すべき上流社会の声で語っていたのである」。

アイヒマンはこのように、周囲の上流社会の人々の声を「良心」の声として利用することができただけではない。アイヒマンは倫理的な根拠から抗弁することができたのであり、カントの道徳哲学に基づいて抗弁することすらできたのである。アイヒマンの第二の抗弁は、自分はカントの道徳律にしたがっていたというものだった。アイヒマンは「警察による尋問の間、自分はこれまでの全生涯をカントの道徳の格律、とくにカントによる義務の定義にのっとって生きてきたと、ひどく力をこめて突然に言明した」という。

これはたんに口実ではなく、カントの定言命法のもつ形式主義の問題点をついた言明だった。カントの定言命法は、アイヒマンがほぼ正しく表現したように「わたしの意志の格律は、つねに普遍的な法の格律となりうるようなものでなければならない」というものだった。そして当時の第三帝国では、ヒトラーの意志するものが同時に法としての妥当性をそなえていた。だからカントの道徳律にしたがって行動するということは、そのときの法であるヒトラーの意志にしたがって行動することであり、ヒトラーの命令に抵抗する人々こそが、不道徳だと主張することができたのである。

もちろんアレントが指摘するように、カントの普遍的な法とは、第三帝国の法のことではなく、人類の普遍的な法であり、さらに人格を手段としてだけではなく、目的とみなすことを求めるものだったから、ユダヤ人を殺害せよという格律が普遍的な法となりうるものでないことは、明らかである。しかし第三帝国の内部では、普遍的な法がヒトラーの意志であったことはたしかなのであり、「総統が汝の行動を知ったとすれば是認するように行動せよ」という「第三帝国の定言命法」に、アイヒマンはきちんとしたがっていたのである。

アイヒマンの第三の抗弁は、自分はユダヤ人に余計な苦痛が生じないように、手際よく処理したというものである。これには三つの「系」が考えられる。第一の系は、安楽死に関するもの、第二の系は「国内亡命」という詭弁に関するもの、第三の系はユダヤ人評議会の協力に関するものである。

第一の系は、ユダヤ人を「安楽死」させる目的で毒ガスを使ったというものであるが、この主張の背景として、アイヒマンたちが「不必要な過酷さを避けよ」と命じられていた事情が挙げられる。このことは、毒ガスによる処刑にたいしてドイツ人が示した反応が典型的に示していた。ヒトラーは最初のうちは毒ガスによる殺戮は、死の苦痛の少ない「慈悲による死」と主張していたのである。そして「安楽死の恩典は、真のドイツ人のみに与えられるものだとはっきりと言明されていた」のである。それだけに、ドイツ人に使うべき「高価なガスをそんなユダヤ人のために使ってしまったなんて」という非難の声があがったのだった。アイヒマンはそのような毒ガスの使用に関与していたわけではないが、毒ガスによる処刑がユダヤ人の殺害にたいする罪の意識を軽減させることに貢献し、これが「良心の問題を解決する別のもっと効果的な方策」となったのはたしかだろう。

第二の系は、多くのドイツ人が第三帝国での犯罪に手を貸したときに使った「国内亡命」という自己弁護の主張にかかわるものである。この「国内亡命」という主張は、ナチス体制になってからも、公務員の地位を維持していた人々が好んだ自己弁護の理論だった。彼らは、自分は公務員として、ユダヤ人を苦しめることのないように努めたと主張する。こうした人々は「第三帝国内で地位を、しかも高い地位を保持していながら、戦後になると自分自身に向かって、また世界に向かって、自分は体制にたいしていつも〈内心では反対していた〉と主張した」のである。

このように主張する人々は、内心ではナチスに反対していたことを隠すために、「外部にたいしては本物のナチスよりもナチスらしくふるまうことが必要だった」と言い訳をする。そして自分がやらなくてもほかの人が自分の地位について、同じことをしたに違いないとも主張する。このようにして、結局はヒトラーの命令に、「本物のナチスよりも」忠実に従っておきながら、自分としては公務員の地位を維持することで、ユダヤ人ができるかぎり苦しまないように努力したと弁明するのである。

アイヒマンはこの「国内亡命」という詭弁を使って抗弁していないようであるが、同じような文脈で自己弁護をしている。アイヒマンは、「自分が官位にとどまったのは事態を〈緩和〉し、〈本物のナチス〉が自分の後を継ぐことを防ぐためにほかならなかったと主張している多くの官吏たちとは親しくしていた」のであり、同じように考えていたと思われるのである。

第三の系は、実際にユダヤ人の移送を行ったのは自分ではなく、むしろユダヤ人たちであるという抗弁である。アレントが指摘するように、「ベルリンにおける最後のユダヤ人の刈り込みは完全にユダヤ人警察のみによってなされた。ユダヤ人の助力がなかったとすれば、完全な混乱状態に陥るか、あるいはドイツの労働力にたいする耐えがたい重圧が生じた」はずであるのは、疑いのないことである。

アイヒマンの命令にしたがって、従順に手際よく収容所に収容するユダヤ人を選別し、一部の特権的なユダヤ人を国外に亡命させる手筈を整え、それを整然と実行したのは、ユダヤ人評議会だった。この「ユダヤ人評議会のメンバーになったのは、原則としてその土地の有力なユダヤ人指導者であり、ナチスは彼らに絶大な権力を与えた」のだった。ユダヤ人の指導者たちがいかにこの与えられた「新しい権力を喜んでいたか」は、当時ユダヤ人評議会が発表した声明からも明らかであり、アレントはこれは「ユダヤ人にとっては疑いもなくこの暗澹たる物語全体のなかでも、もっとも暗澹とした一章である」と指摘している。

このユダヤ人評議会がユダヤ人の殺戮において果たした「暗澹とした一章」についてのアレントの指摘こそが、『イェルサレムのアイヒマン』にたいするユダヤ人世界からの激しい非難を招いたものだった。それはこの「暗澹たる物語」のうちで隠しておきたい「傷」を、アレントが暴きだしたからだった。

ユダヤ人自身が、ユダヤ人の殺戮に反対するどころか、それを喜々として手助けとしたというこの事実こそ、アイヒマンの「良心をなだめるについてのもっとも効果的な要因」となったと、アレントは語っている。アイヒマンはみずからの職務を遂行するときに、ユダヤ人の側からも、「最終的解決に実際に反対する人には一人も、まったく一人も出会わなかった」のである。

このようにみてくると、アイヒマンの罪状は明らかであり、アイヒマン自身が自分は有罪であることを認め、公衆の面前で絞首刑になることを望んでいたとしても、裁判での検事側の告発には弱点があるのは明らかであり、アイヒマンの弁論と抗弁にも、それなりの根拠があるのである。それでもアレントは、アイヒマンは有罪であり、死刑に値すると考えた。アレントはアイヒマンの真の「罪」は、どのようなものであると考えていたのだろうか。

2　アイヒマンの罪

　アイヒマンはこのように自分が犯した罪についての意識をもっており、自分は有罪であると考えていた。しかし同時に、自分を弁護するためのさまざまな論拠をもっていた。これらの論拠に基づいて、そして検事側の事実についての無理解を指摘することでアイヒマンは、検事側の告訴理由については、自分は無罪であると主張したのである。

　アレントはこれについては、ユダヤ人国家であるイスラエルが、ユダヤ人虐殺の責任者を裁くという、この政治的で演劇的な裁判の「立役者」であった検事側の主張よりも、むしろアイヒマンの主張に理解を示している。それでもアレントはアイヒマンの抗弁に重要な「欠陥」をみいだし、それを検事たちとは比較にならないほどの深さで批判する。この節ではアイヒマンの自己弁護をアレントはどのように批判していったかを、具体的に検討してみよう。アレントはどのようなところにアイヒマンの「罪」があると考えたのだろうか。

†「多くの人が同じことをしたに違いない」――第一の抗弁への批判

すでに考察したようにアイヒマンの第一の抗弁は、自分の行為は当時のドイツの思想界と上流社会の思想的なあり方と一致したものであったというものである。誰もが彼と同じように考え、行動していたのであるから、彼を裁くのなら、当時のドイツの上流社会の人々や思想家を裁くべきだということになる。そして当時のドイツのこうした人々を裁けないのなら、アイヒマンは「犠牲の小羊」のようなものにすぎないということになる。

アレントは、当時のドイツにおいて道徳的な崩壊が発生したことをすでに指摘していた。この問題の考察が、『全体主義の起原』から『人間の条件』にいたるアレントの考察を支え、押し進める原動力となってきたことは、これまでも確認してきた。それだけにこの抗弁を批判することは、アレントにとってはきわめて重要な意味をもっていた。その背後には、ナチスに入党したかつての師であり、愛する人であったハイデガーの姿が見え隠れしている。アイヒマンの抗弁の言葉は、ハイデガーの行動を、そしてドイツの思想界と上流社会の人々の欺瞞を狙い撃ちしたのである。

すでにアレントは『全体主義の起原』で、このドイツの道徳的な崩壊を先導したのが、ドイツの知識人であったことを指摘してきた。そのためアレントはアイヒマンのこの主張を認めざるをえなかった。「数々の証拠からして、良心と言えるような良心は、どうみてもドイツから消滅していたと結論するほかはない」のである。

このアイヒマンの抗弁にたいするアレントの批判は、二つの論点に分かれる。第一の論点は、それでもこうした思潮に抵抗した人々が実際にいたことを指摘するものである。アレントはこうした抵抗者の人数を数十万人と見積もっている。その正確な人数が不明なのは、「彼らの声は決して人に聞かれなかったから」である。これらの人々は市民から職人、思想家から学生にいたるまでの多様な層にみられた。ときにはナチスの党員すら、抵抗の姿勢を示したのである。

アレントはこうした抵抗者の実例として、アウシュヴィッツに配属されたが、そこでの仕事を嫌って転属願いをだしたナチス党員、ナチスの親衛隊(SS)に入党させられそうになったが、署名を拒んで処刑された少年たち、そして強烈な抵抗運動「白バラ」を組織したショル兄妹などの実例を挙げている。これらの人々は、楽な仕事について犯罪に手を貸すよりも、つらい肉体労働に従事したり、みずから死を選んだりしたのである。

これらの人々がどのようにしてナチスの誘惑と社会の支配的な思潮の流れに抗うことができたのか、支配的な道徳と法に抵抗する根拠はどのようなものだったのかということは、アレントの道徳哲学の核心的な問いを構成する。これについては、第四章の道徳哲学の考察のところで詳しく検討することにしよう。

第二の論点は、その当時の支配的な思潮がどのようなものであったとしても、それを自分の犯罪の言い訳として使うことはできないということである。そもそも裁判というものは、その時代の社会思想を裁くものではなく、その思想によって動かされた個人としての人間を裁くものである。アイヒマンはたしかに自分の行為が彼にとって避けがたいものと思われた理由として、当時のドイツの社会思潮を挙げることはできただろう。しかしそれは彼が実際になした行為を免罪するものではない。思想は行為を説明することができるかもしれないが、それは行為をなかったことにすることも、行為した者の責任を免除することもないのである。この論点は第三の抗弁の第二の系である「歯車」理論への批判で、さらに明確に展開されることになる。法廷ではあくまでも、ある行為をすることを示唆したり、教唆した者ではなく、それを遂行した者の責任が問われるのである。

†「カントの道徳律にしたがった」——第二の抗弁への批判

アイヒマンはさらに自分は良心にしたがって行為したのであり、カントの定言命法にしたがって行動していたと主張することができた。これが正しいとすると、裁判では被告の良心についても裁かなければならなくなるが、犯罪行為を裁く法廷では、それは不可能である。
　これにたいしてアレントはまず、アイヒマンの考えたカントの定言命法は、カントのほんらいの道徳哲学を誤解したものであることを指摘する。「あきらかにこれは勝手きわまる言い分であり、また不可解でもあった。なぜならカントの道徳哲学は、盲目的服従を退ける人間の判断力というものに密接に結びついているからである」。カントの道徳哲学の核心である定言命法は、一国だけに限定された普遍的な法にしたがうのではなく、全人類を含む普遍的な法にしたがうことを求めるものであり、そのことを確認するのは、実践理性であるよりも判断力なのである。

　ただしカントの定言命法は、いくつかの難問を孕んでいたこともたしかである。そしてこれらの難問が解けなかったことについて、アイヒマンを咎めることはできないだろう。カントの定言命法の第一の難問は、それが形式的なもので、そこから一切の内容が排除されていることにある。カントの定言命法では、行為する者は、その行為がどのような帰結をもたらすかという行為の内容に配慮することなく、それが普遍的な法則に適っているという行為の形式だけを追求するように求められるのである。

　ただしカントは、そこに内容を含めるような定言命法の定式化も示している。たとえば『道徳形而上学の基礎づけ』には、「誰もが自分自身と他者を決してたんなる手段としてだけではなく、むしろ同時に目的そのものとしてあつかうべきである[76]」という定言命法が示されているが、ここには道徳律の内容にかかわる自己や他者の「人格」と「目的」という二つの重要な概念が使われている。

それでもカントは道徳律から内容を取り除くことが重要だと考えていたのであり、そのために定言命法が形式的なものとなるのは避けがたかった。そして道徳律が形式的なものとなるとき、その形式的な正しさだけを追求するならば、それをまったく恣意的に利用する可能性が生まれるのである。

第二の難問は、それが形式的なものであるために、その内容的な裏づけを求めて、その命法の背後にある原則にさかのぼろうとする誘惑を生むことにある。定言命法が日常的に使われるときに、「この日常の使われ方においてカントの精神のうちに残されたものは、人間は法にしたがうだけであってはならず、たんなる服従の義務をこえて自分の意志を法の背後にある原則と、すなわち法がそこから生まれてくる源泉と同一化しなければならないという要求である。カント哲学においては、この源泉となったのは実践理性だった。そしてアイヒマンがカント哲学を日常に使った用法では、それは総統の意志だった」とアレントは指摘している。

カントはつねに主観的な格律を、みずからが普遍的な法の立法者であるかのように行使せよと促していた。この促しにしたがうとき、道徳的な主体はたんに法に定められた義務にしたがうのではなく、その法の立法者の精神にしたがうこと、すなわちドイツではヒトラーの意志にしたがうことが求められることになるのである。

第三の難点は、悪の定義にかかわる問題であり、カントの根源悪と悪の「誘惑」という特性がかかわってくる困難な問題である。カントは人間の根源的な悪を、自分だけに悪をなす自由を求めるエゴイズムに求めていた。カントにとって悪とは、自分だけの利益を追求するように、ひそかに誘惑する性格をそなえたものだった。そのためカントの道徳哲学では、人間にはエゴイズムという根源的な悪への傾向があるにもかかわらず、善をなすことが人間の根源的な素質であり、理性のはたらきで人間は善なる存在になることができると想定していたのである。

†カントの根源悪と悪の誘惑

このカントの道徳哲学の根本的な構えによると、人間の良き素質である理性が、悪しき傾向性である悪への傾きを阻止すべきであり、そこに実践理性の働きをみるということになる。ということは、何が善であり、何が悪であるかを判断するための重要な手がかりとなるのは、それが自分の好みを満たすように「誘惑する」(それが悪の標識である)か、それとも、道徳的な法則に基づいて理性によってその「誘惑を退ける」(それが善の標識である) かにあるはずだった。

たとえば「汝殺すべからず」というのは、『旧約聖書』でヤーヴェが与えた十戒にも定められているように、他者と共同体をなしている人間が守るべき根本的な戒律の一つである。この戒律は人間のうちに、「他者を殺してでも、自分の利益を満たしたい」という悪の欲望と誘惑が、避けがたいものとして存在していることを想定している。何かを禁じるということは、その禁じられたことをしたいという欲望が強く存在していることを前提とするものだからだ。この戒律はカントが考えたように、人間のうちに根源的に、他者を害してでも自分の利益を追求したいというエゴイズムが存在することを想定しているのである。

ところが第三帝国では、「汝殺すべし」ということを定言命法として定めた。戒律とは、人間のうちにある根源的な欲望を理性によって抑制するように求めるものであることを考えると、この定言命法は、人間のうちに「わたしは人を殺したくない」という願望が存在していることを前提とすることになる。すなわち逆説的なことだが、悪を命じるこの定言命法は人間のうちには、他者を害さないことを望む善なる欲望が、根源的なものとして存在することを想定しているわけである。

これはその定言命法を強制された人々に大きな混乱を引き起こすものだった。悪を悪として特徴づけていた欲望と誘惑という要素が、今度は善を特徴づける要素とみなされているからである。この定言命法は人々に、善をなす欲望に抵抗して、悪をなすことを求める。この悪をなすことを求める定言命法にしたがうことが、第三帝国の社会では「善」とみなされるのである。

アレントが指摘するように、「第三帝国における〈悪〉は、それによって人間が悪を識別する特性、すなわち誘惑という特性を失っていた」のである。そのために人々は悪の特徴である誘惑が、今では善の特徴となっており、道徳的な命法によって、その誘惑を退けることに熱心にならざるをえなくなるのである。

「汝殺すべし」を命じる定言命法は、心のうちでは人を殺したくないと願っている人々にたいして、他者の殺害を命じるのであり、その形式性によって、自分が行うことが善であるか悪であるかを、その内容に基づいて判断することをできなくしてしまう。このようにして人々は、善をなす誘惑を退けながら、悪をなすべく努めることになる。

なお、第三帝国では、人々の殺害を担当する者たちのうちに、倒錯者やサディストが含まれないように、慎重に配慮していたことも注目される。「自分がしていることに肉体的な快感をおぼえるような人間は取り除くように周到な方法が講じられていた」のである。

人を殺すことを欲望とする者たちに殺戮を命じた場合には、この定言命法における善と悪のねじれが消滅してしまう。こうした人は欲望の赴くままに人を殺害して、いかなる良心の痛みも感じないだろう。そこに生まれるのは、サディストたちの帝国であり、道徳的な規範の崩壊はまったく生まれようがない。第三帝国の指導者たちは、そのような事態を好まなかったかのようである。むしろ市民が欲望によって殺害するのではなく、自分の善なる心に反して、総統の意志と命令をみずからの法としてうけいれて殺戮することを望んだのである。この周到な倒錯は、ドイツ国民の道徳性に完全な混乱をもたらすものだった。

†国内亡命――第三の抗弁への批判、その一

第三の抗弁には三つの系が含まれていた――安楽死の問題、国内亡命の問題（これには歯車理論を含む）、ユダヤ人評議会の問題である。すでに考察したように、ユダヤ人を無駄に苦しめたくないという第一の安楽死の問題は、アイヒマンの犯罪の内的な動機を示すものであっても、その犯罪を免罪するものではない。また第三のユダヤ人評議会の問題は、アレントが提起した問題であり、「ユダヤ人評議会の指示に服さなかったならば、おそらく半数のユダヤ人が助かっただろう」と言われているのであり、アイヒマンの抗弁はこれについては妥当性を認められるべきだろう。アレントは、もしもアイヒマンが実際にこの

抗弁を強力に展開したならば、イスラエルにとっても破滅的な事態となっただろうと考えていた。

というのもアレントはアイヒマンがこのように抗弁した場合には、裁判の場で「ユダヤ人がどれほどの規模で自分たち自身の破滅の組織化に手を貸したか[77]」が明かされることになるのではないかと危惧していたからである。アイヒマンは「個人的にはユダヤ人の髪の毛一本抜くことすらしていないこと、移送者の選別をしたのは彼でも彼の共犯者でもなかったことは事実[78]」であり、移送者の選別はユダヤ人評議会が実行したのである。アレントはこれが実証された場合には、「ひどく反ユダヤ主義を刺激してしまうでしょう[79]」とヤスパースに書き送っている。そしてこれをアイヒマンに代わって実証してしまったアレントが、反ユダヤ主義として激しい非難を浴びたのだった。

実際にはアイヒマンはこの抗弁を十分に展開しなかったので、ここで検討する必要があるのは、第二の国内亡命と歯車理論である。まず国内亡命の理論について考えてみよう。この弁明は三つの要素で成立している。第一の要素は「生きるためにはやむをえなかった」というものである。アイヒマンもまた「こうする以外には自分は自殺するしかなかった」と主張したことがあるが、これが事実でなかったことは、アイヒマン自身が暗黙のうちに認めていたことである。「皆殺し班の班員が自分の身を危うくすることなく、その部署を去ることが驚くほど容易だったことをわれわれは知っている」とアレントは指摘している。実際に、生命を捨てることも厭わずに命令を拒んで、しかも処刑されなかった人々も存在していた。多くの場合、これらの人々が転職を望んでもひどく罰せられることはなかったのである。

ナチスが支配するようになった時点で、公職についているということは、ヒトラーの共犯になることを意味した。「政府の犯罪に手を染めずにいられた人、法的な責任と道徳的な責任を問われずにいられた人は、公的な生活から完全に身をひいた人々、いかなる種類の政治的な責任も拒んだ人々だけでした。これはごく自明な事実だったのです[80]」とアレントは明確に指摘している。

第二の要素は、「自分がやらなくても、ほかの誰かがやっただろう」という言い訳である。これにたいしてはアレントはその可能性があることをつねに認めながらも、それは犯罪を犯す弁明にならないことを指摘している。国内亡命とはその見せ掛けとは裏腹に、犯罪に手を貸すことを能動的に認めることを意味したのである。

第三の要素は、「自分はなるべく被害者の陥る過酷さを和らげようとした」というものである。「わたしはいまでは有罪にみえるかもしれません。でも職務を離れなかったのは、さらに悪い事態が起こるのを防ぐためだったのです。内部にとどまった者だけが事態を悪化させないことができ、少なくとも一部の人々を助けることができたのです」[81]というわけである。

これにたいしてアレントは、これはユダヤ人評議会の弁明と同じような自己欺瞞であり、偽善的な弁明にすぎないと批判する。アイヒマンが手を下さず、効率的な移送が妨げられなければ、もっと多くのユダヤ人が生き残れたかもしれないのである。またアイヒマンは、つねに命令を全力で遂行したことを誇らしげに主張していた。ということは、「当然ながら〈犯罪行為より生じる結果〉を緩和するよりも重くするほうに、いつも全力を注いだ」ということにならざるをえない。

†「歯車」理論——第三の抗弁への批判、その二

「歯車」理論については、アレントはまず「システム」においては基本的にすべての人々が「歯車」として機能することを認める。「政府が機能しつづけるとき、政治システムはすべての人々を〈歯車〉や〈車輪〉として利用するものです。それぞれの歯車、すなわち各個人は、システムを変更しなくても、別のものに取り替えることができるものでなければなりません」[82]というのは、自明のことだからだ。

しかし罪を問われている被告が、自分はシステムの歯車だからといって、その罪を逃れ

ようとすることはできない。「法廷で裁かれるのはシステムではなく、一人の人間[83]」であるからである。たとえ被告が「わたしはたんなる歯車で、他者に替えることができるものであり、わたしの地位にあればどんな人でも同じことをしたでしょう[84]」と抗弁したとしても、法廷は「それではあなたは、そのような状況において、なぜ歯車になったのですか、なぜ歯車でありつづけたのですか[85]」と問い返すのである。そしてこの問いからは、被告は逃げだすことはできない。

アイヒマンはたしかにナチスの支配の一つの「歯車」だっただろう。しかしアイヒマンがその組織に所属しつづけ、みずからの使命を全力をもって遂行しようと努めていたからには、たんに自分が組織の歯車であると主張することによっては、罪を逃れることはできない。彼は組織の良き歯車であろうと努力することで、ナチスの支配をさらに効率的にすることに貢献したのであり、そのことの責任を問われるのである。

†アイヒマンはどの裁判所で裁かれるべきだったか

このようにしてアレントは、アイヒマンのすべての抗弁に反論し、批判した。これでアレントにとって、アイヒマンの有罪は確定された。アイヒマンはユダヤ人を虐殺することを重要な使命とする組織に所属し、そこから離れることなく、その使命を誠実に果たしつづけたことで、ユダヤ人虐殺について有罪である。アイヒマンは戦争犯罪者にたいして定められた法のもとで裁かれ、罰せられるだろう。実際にはアルゼンチンに逃亡していたアイヒマンを違法に誘拐し、その身柄をイェルサレムに運んできたイスラエル当局が、アイヒマンの罪を決定し、その処罰を執行するだろう。そのことにアレントも同意する。

しかしこれは現実的に不可避なことだとしても、もっと別の形で裁判が下されるほうが望ましいことは明らかだった。これについて、アレントはヤスパースと書簡で議論していた。まずアレントは、ここで裁かれるべき罪は、たんにユダヤ人にたいする罪ではなく、「人類にとっての敵」としてふるまったアイヒマンの犯した罪、「人類への罪」であることを明確にした。

ところがヤスパースは、この「人類にとっての敵」という概念に小さな異議を唱えた。そして「敵」を「罪」に変えた「人類にとっての罪」という概念を提起した。「敵というのは、肯定的すぎるような気がします。敵というのはつねに〈ひとかどの者〉なのです。人類にたいする犯罪者と言えば、響きは違いますが、これもあまり感心できません」[86]という理由によってである。

そしてヤスパースはアイヒマン裁判では、そのことが明確に示されることが重要であると主張した。「アイヒマンは人間的事象の文脈では死刑に値する。しかしそれは人類の判断に基づくのであって、ある国家の判断に基づいてではありません。わたしのユートピア的提言にしたがえば、イスラエルは人類の審判に委ねるためにアイヒマンを勾留しているのであって、イスラエル国家における法的判断によってみずから死刑を執行する必要はないということになります[87]」というのである。

ヤスパースは、イスラエルが死刑を執行したならば、それはユダヤ人による復讐とみなされるが、イスラエルが「判決は下さず、人類の代表として——今日それを名乗っているのが国連です——、人類にたいする犯罪を裁くための法廷に引き渡すべく勾留しておくとしたら、もしそうなったら、それこそすばらしく高潔な行為が遂行され、世界は呼びかけられ、ユダヤ人にたいしてなされた大量虐殺のもつ意味が認識されることになると思うのです[88]」と考えたのである。

アレントもこのヤスパースの提言を強く支持した。国際刑事裁判所による裁判でなければ、すなわち「一国民だけしか代表していない法廷では、事柄の巨大さが〈矮小化される〉」と考えるからである。しかしイスラエルがこの提案を受け入れるとみなすのは、非現実的なことだった。こうした国際刑事裁判所の設立の提案は、繰り返し拒否されてきたからである。

アレントも、ヤスパースと同じような提言をすることもできただろう。しかしイスラエルの裁判所は、アイヒマンの政治的な行為を裁く政治的な裁判であり、アレントは裁判を傍聴したジャーナリストにすぎない。アレントにできるのは、イスラエルによる裁判の短所と長所を明らかにすること、そして政治的な裁判という観点からではなく、アイヒマン裁判が示した思想的な問題を提起することである。

†イスラエルの裁判の欠陥

アレントはイスラエルの裁判には三つの重要な欠陥があったことを指摘している——公平さの欠如、「人道に反する罪」の定義の欠如、「新しいタイプの犯罪者」についての規定の欠如である。第一の欠陥はその公平さの欠如である。イスラエルの法廷は被告の弁護人を認めなかった。そして戦争犯罪を裁くには、戦後すでに一六年も経過していたために、復讐を目指した裁判という印象を拭うことができなかった。イスラエルは、国際的な裁判としての外見を整えることすら気にかけなかったのである。

第二の欠陥は、イスラエルの裁判では「人道に反する罪」が明確に定義されなかったことである。これについてアレントは戦争の際の殺人は、概念的に三つに分類できることを指摘する。第一は通常の「戦争犯罪」である。これはパルチザンの射殺や人質の殺害のような国際法に反する殺害である。こうした犯罪であれば、戦争犯罪の裁判で通常の形で裁くことができる。第二は「非人間的な行為」であり、これは「侵略者による植民を可能にするための住民の〈追放や絶滅〉」などである。こうした行為は、それを実行する国の利益を目指すものとして「功利的な目的によって説明される」ものであって、「犯罪的であるが既知の何らかの目的のために行われる」という性格のものである。

第三は「人道に反する罪」であり、これは「先例のない意図や目的をもった」犯罪であり、それまでの法的な常識では理解できないものである。ナチスによるユダヤ人の殺戮は、ドイツの国益をまったく無視したものだった。その意図はほとんど理解しがたいものであり、ユダヤ人という民族を殺戮することそのものが目的であるとしか考えられないものだったのである。

†「人道に反する罪」とは

アレントはイスラエルの裁判で、アイヒマンの罪がユダヤ人という民族を殺戮することを目的としたものであり、戦争犯罪とも非人間的な犯罪とも異質なものであることが明らかにされたことを高く評価する。しかしこの犯罪がたんに「ユダヤ人もしくはポーランド人もしくはジプシーという民族にたいする罪」にとどまらないものであって、一つの人種全体を地上から絶滅させようとする「人道に反する罪」であること、そしてこれによって

「国際秩序だけでなく人類全体が重大な損害をこうむり、危険にみまわれたかもしれない」ことを明確にした上で、アイヒマンを断罪できなかったことを強く批判する。
「民族にたいする罪」と、「人道に反する罪」、すなわち「一つの人種全体を地上から絶滅させようとする罪」は、アレントのもとでは思想的に明確に区別されていた。民族にたいする罪とは次元が異なる「人道に反する罪」が登場したのは、「ドイツ国民はドイツ国内にユダヤ人がいるのを好ましくないと判断しただけではなく、ユダヤ人民族全体を地球上から抹殺することを願っていると宣言したとき」である。

これが「人道に反する罪」となるのは、それは一つの民族を嫌い、それを殺すことを望んだだけではなく、地上においてその民族と「ともに天を戴く」ことを拒むと宣言したことによって、地上における他者の存在、みずからと異なる人々の存在を否定したからである。アレントは地上における人間の条件は、「多数性」にあると考えていた。隣人ではない他者が存在すること、それが人間が人間であるために必要な条件である。

この他者とは、たんに国家や民族が違う人という意味ではなく、もっと思想的な意味をもった概念である。「多種多様な人々がいるという人間の多数性は、活動と言論がともに成り立つための基本的な条件である」〔89〕ことは、アレントが『人間の条件』で明記していたことである。人道に反する罪は、この人間が人間であるために必要な「多数性」という条件を否定することを意味したのである。

†アレントの「判決」

最終的にはアレントは、イスラエルの法廷とはまったく別の根拠から、アイヒマンが「人間の多数性」を否定することで、この「人道に反する罪」を犯したこと、そしてそのことによって死刑に相当するという「判決」を下す。アイヒマンはたんなる戦争犯罪人としてではなく、非人間的な罪を犯した者としてでもなく、人間の多数性を否認することで、人間の条件そのものを否定した人物として、人類がともに生きることのできない人間、「人道に反する罪」を犯した犯罪者であると、アレントはみなしたのだった。アイヒマンはたんに「数百万の人々を殺したからではなく、人類の秩序をやぶった」ために、死刑に値するのである。

このアレントの「判決」は、たんなる「人道に反する犯罪」にたいする有罪宣告ではなく、特別な思想的な質をそなえたものである。アイヒマンとナチスがユダヤ人をこの地球から抹殺することを決定し、それを実行したということは、そのまま彼らがほかの人々とともにこの地球に住むことを不可能にする行為だったと考えているからである。一つの民と「ともに天を戴く」ことを拒むという行為は、逆に言えばその民や地球のその他のすべての民から、「ともに天を戴く」ことを拒まれるということなのである。

アレントはこの「判決」で、アイヒマンに語りかける。「あたかも君と君の上官が、この地球に誰が住み、誰が住んではならないかを決定する権利をもっているかのように、君たちがユダヤ人民族およびその他のいくつかの国の国民たちとともにこの地球に生きることを拒む政治を支持し、実行した」ことは、「人類に属する誰からも、君とともにその地球上に生きたいと願うことは期待しえない」ということを意味するのだと。

アレントがアイヒマンに示したこの「判決」の核心にあるのは、「地球上にともに生きる」ことを願うかどうかという言葉である。わたしたちが自分の心に問い掛けて、ある人と「ともに天を戴く」ことを望まないかどうか、そしてすべての人がその人と「ともに天を戴く」ことを望まないかどうかが、死刑を宣告するための理由となるとアレントは考えたのである。そのことは、この「判決」は人間の多数性の否定への批判という思想的な根拠とは別に、道徳的な観点からも行われていることを意味する。

アレントはたしかに、アイヒマンに死刑を宣告することのできる理由は、ナチスへの参加とその命令の遵守という政治的な責任にあったことを認めている。「大量虐殺組織の従順な道具となった」ことの責任は、アイヒマンが「道具」であったとしても、逃れることはできないのである。「政治において服従と支持は、同じことを意味する」からである。

しかしそれでもアイヒマンが有罪である究極の根拠としては、誰もアイヒマンと「ともに天を戴く」ことを望まないだろうという理由があげられていることは興味深い。この「ともに天を戴く」ことを望むかどうかということは、アレントにとっては、重要な事柄だったのである。

アイヒマンの犯罪はアレントにとっては道徳的な意味をもっていたのであり、そのことは、アレントが「不正をこうむった集団が罪人を罰するのは道徳的秩序にたいする義務である」という命題を「野蛮なもの」であり、「われわれは拒否する」と語りながら、「この命題こそは実は死刑を正当化する究極の理由である」と語る理由でもある。この道徳性の問題については、第四章でさらに詳しく検討してみよう。

†「新しいタイプの犯罪者」の問題

その前に、イスラエルの裁判の第三の欠陥について確認しておこう。アレントは「この罪を犯す新しいタイプの犯罪者」を明確に規定しなかったことが、この裁判の重要な欠陥であると考えている。というのも、アイヒマンはこうした「新しいタイプの犯罪者」の典型のような人物だったのである。アレントはアイヒマンに示された「新しいタイプの犯罪者」の特徴として、そしてアイヒマン自身の人間性の特徴として、次の三点を挙げている。

第一の、そして最大の特徴は、アイヒマンがごくまっとうな人物だったということである。アドルフ・アイヒマンはドイツ西部の刃物の町として有名なゾーリンゲンに生まれた。アイヒマンの父親は、ドイツの電機会社の簿記係として勤務していたプロテスタントであった。母親も敬虔なプロテスタントで、アイヒマンの一家は典型的な中産階級の一家だった。アイヒマン自身もナチスの親衛隊に入党した頃は、石油会社のセールスマンとして真面目に勤務していた。そしてナチスに入党してからは、それまでのサラリーマンとしての才能を発揮して、委ねられたユダヤ人移送の仕事に専念したのである。

どこにでもいるドイツ人のサラリーマンが、どうしてこのような犯罪を犯したのか。法廷はそれを理解することができなかった。精神倒錯者でもサディストでも、「道徳的な意味でも狂人ではなかった」アイヒマンをどう理解したらよいのか。法廷を悩ませたのは、このギャップの大きさだった。この裁判で明らかになったのは、「彼の行為は、言語に絶するほどのおぞましいものであるのに、それを行った人物には、まぎれもない滑稽さがある」ことだった。

この人物が「〈怪物〉でないことは、誰の目にも明らか」だったのである。「アイヒマンという人物の厄介なところはまさに、実に多くの人々が彼に似ていたし、しかもその多くの人々は倒錯していないし、サディストでもない。恐ろしいほどにノーマルだったし、今でもノーマルであるということである」。アレントは彼が犯した犯罪の巨大さよりも、むしろこの「正常性は、すべての残虐行為を一緒にしたよりも、われわれをはるかに慄然とさせる」と指摘している。

†悪の凡庸さ

そこから、有名になったアレントの言葉が語られる。アイヒマンの犯した悪は、「恐るべき、言葉に言い表すことも、考えてみることもできぬほどの悪」でありながら、それが「凡庸なものであること」、この矛盾こそが、アイヒマンという人物を理解するために解かねばならなかったもっとも重要な思想的な課題だった。「悪の凡庸さ」とは、アイヒマンの犯した行為が、その悪が、凡庸であると主張するものではない。この悪は巨悪であり、言葉に尽くしがたいもの、考えることもできぬほどにぞっとするものである。しかしこの悪を犯した人物はごく凡庸な人物だった。この逆説的な事態にこそ、考えるべき重要な思想的な課題がある。

この人物は自分の行為がもたらした悪を想像してみることもせず、淡々と悪をこなした。そのような事態は、それまでの道徳哲学の枠組みでは考えることもできなかったことである。そしてこの事態は実は、アレントがドイツから亡命することを決意するきっかけとなった友人たちによる裏切りへの驚愕と、深いところで結びついている。

すでに指摘したようにアレントは、ヒトラーを支持していたドイツの大衆の政治的な信念にはまったく驚かなかったが、信頼できると考えていた友人たちに裏切られたときに驚愕し、ドイツを離れる決心をしたのである。信頼に足る思考能力をもっていたはずの人々が、どうしてヒトラーに幻想を抱くようになったのか。この問題こそがアレントが『全体主義の起原』から『人間の条件』をつうじて探りつづけてきた問いであるが、その一つの回答が、アイヒマンという人物の人間性の欠陥によって示されたのである。この新しい犯罪者を分析することによって、アレントを裏切ったドイツの友人たちの背信を分析することも可能となるだろう。

アイヒマンの人間性の第二の特徴は、想像力が著しく欠如していたことである。「彼は自分のしていることがどういうことなのか、まったく分かっていなかった」のであり、他人がそれをどう思うかについて考えてみようともしなかったのである。この「想像力の欠如」によって、アイヒマンは長くつらい裁判にも、耐えることができたのだった。このことは、アイヒマンがつねに決まり文句を語りつづけたことと無関係ではない。アイヒマンは「その時々の気分にふさわしい皮相な決まり文句を、自分の記憶の中で、あるいはそのときの心の弾みで見つけることができればしごく満足で、〈前後矛盾〉などといったことにはまったく気づかなかった」のである。ある言葉が語られる文脈を理解するということは、その文脈においてみずからを位置づけ、その文脈のうちでの自己の姿を想像するということなのである。

アイヒマンの人間性の第三の欠陥は、思考するという営みを停止していたことである。アレントはアイヒマンが決まり文句を繰り返しつづけたことの背後に、想像力の欠如だけではく、思考の停止の兆候もみいだしたのだった。「彼の語るのを聞いていればいるほど、話す能力の不足が考える能力、つまり誰か他の人の立場に立って考える能力の不足と密接に結びついていることがますます明白になってくる」のである。

アレントはアイヒマンとは意志の疎通が不可能であると考えていた。それは何よりもこの想像力と思考の能力が欠如していたからだった。アイヒマンは「言葉と他人の存在にたいする防衛機構、すなわち現実にたいするもっとも確実な防衛機構である想像力の欠如というやり方で身を覆っていたからである」。

文脈において思考すること、他人の立場に立って想像してみること、人間であれば誰にでもできるはずのこうした基本的なことができなくなるとき、アイヒマンのような「新しいタイプの犯罪者」が誕生することになる。アレントが指摘するように、「完全な無思想性（これは愚かしさとはまったく同じものではない）こそが、彼があの時代の最大の犯罪者の一人になる素因だった。これは凡庸なことであり、滑稽なことであり、またいかに努力してみても、アイヒマンから悪魔的な底の知れなさを引きだすことは不可能だった。ただしこれは決してありふれたことではない」のである。

思考の停止と想像力の停止、それこそが悪の凡庸さの本質であり、この悪のおぞましさの特徴でもある。わたしたちが考えるのをやめたとき、他者の立場に立って考え、想像するのをやめたとき、わたしたちはアイヒマンのように、組織の「歯車」として、残虐のきわみともいうべき犯罪に手を染めて、平然としていられるようになるかもしれないのである。この他者の立場に立つことこそが道徳性の根幹であることについては、次の章でさらに立ちいって考えてみたい。

第４章
悪の道徳的な考察

1 悪の凡庸さと思考の欠如

†考える能力への問い

このようにしてアイヒマン裁判において、ある意味でそれまでのアレントの考察の総決算がなされたことになる。アレントが亡命前のドイツで目撃したのは、ドイツのふつうの国民の伝統的な道徳性が一夜にして崩壊し、別の道徳性に切り替えられたこと、そしてアレントの友人たちである知識人が「協調」へと走り、ナチスに幻想を抱いたことである。これは大衆と知識人という二つの階層において、道徳性の崩壊が起きたことを意味している。このどちらについても共通した要素がある。それはアイヒマンが典型的に示したように、人間にとってもっとも基本的なものであるはずの「考える」という営みを放棄したことである。もちろんここでアレントが語っている「考える」という行為は、思索にふけることではないし、何らかの新奇な思想を思いつくことでもない。

ハイデガーに代表される同時代の知識人たちは、ナチスの民族共同体の思想、「血の絆」のようなロマン主義的な思想に、新たなものを期待して、幻想を抱いたのである。しかしアレントが語る「考える」という営みは、このような思想や幻想を紡ぎだすことではない。むしろ「他者の立場に立って、他者の苦しみを想像して、自分のなすことを顧みること」だった。

　これらの思想家には、まさにこうした意味での「考える」営みが欠如していたのである。深遠な思想を語る思想家であれば、基本的な道徳的な判断で誤つことはないと考えるのは、自然なことだろう。当時のドイツで明確に否定されたのは、そうした思い込みだった。善悪の明確な判断を下すことができたのは、そうした思想家たちではなく、ごく一部のふつうの市民だったのである。

　そこでアレントの提起した重要な問いが生まれる。「判断、善悪の区別、美醜の区別などの能力は、思考の能力に依存しているのでしょうか。思考する能力が欠如しているということは、わたしたちがふつう良心と呼ぶものが存在しない破滅的な状態と同じものなのでしょうか。そしてどうしても問わざるをえない問い、それは思考の活動そのもの、具体的な内容にかかわらず、その結果とは独立して、起きた事柄を調べてつねに省察するという営みは、人間が悪をなすのを防ぐための〈条件〉となることができるのでしょうか[90]」という問いである。

ここでアレントは三つの重要な問いを提起している。第一の問いは、道徳性の根源である善悪の判断は、思考という能力が下すかどうかという問いである。第二の問いは、道徳的な判断を行使する器官でもある良心の欠如は、思考の能力の欠如によって生まれるのかという問いである。第三の問いは、思考の「具体的な内容」(すなわち思想である)とは別に、省察し、思考する能力そのものが、人間が悪をなすことを防げるのかどうかという問いである。これらの問いを言い換えると、思考の能力と道徳性の関係についての問い、思考の能力と道徳性の器官であり良心の関係についての問い、そして思考の能力と悪をなすことの関係についての問いと表現することができる。そしてこれらの三つの問いの背後に、ある究極の問いが控えている。それは考えることが悪を防ぐことができるかどうか、そして考えることをやめるならば、悪をなすことを防ぐことができなくなるのかどうかという問いである。

これらの問いは、アイヒマンの「悪の凡庸さ」についての問いを、たんにアイヒマンの与えた「恐しいほどにノーマル」な人間という印象を超えて、道徳哲学的な考察として展開するものであることは明らかだろう。それというのも、アイヒマンによって「犯された悪は怪物的なものでしたが、その実行者は怪物のようでも、悪魔のようでもありませんでした。……アイヒマンは愚鈍なのではないのですが、奇妙なほどにまったく〈思考すること〉ができないのでした[91]」と言わざるをえないからである。このことは、悪とは何か、悪人とはどのような人物であるのかについて、伝統的な道徳哲学に深刻な問題を突きつけざるをえない。もしもアイヒマンの怪物的な罪悪が、カントが根源悪の概念で考えたように、自分だけの利益を求める悪しき意志などによって犯されたのではなく、たんに思考の欠如によって実行されるにまかされたのだとするならば、考えることをしないという、誰にでもありうる状態が、ドイツにおいて犯された怪物的な悪を生みだしたのだということになる。このようにして、アイヒマン裁判の後の段階で、悪の凡庸さと思考する能力の関係についての考察が、アレントにとってきわめて緊急かつ必須の問いとして提起されるにいたったのである。

†無辜の人々は、どのようにして罪を逃れたのか

この問いはアイヒマンの怪物性と、その悪の凡庸さを解明するために提起されたものだったが、その背後にあるのは、すべての人々の道徳性が一夜にして崩壊したようにみえるドイツにおいても、そのような兆しをまったくみせなかった少数の無辜の人々が存在していたという注目すべき事実である。アレントはこれらの人々について「道徳が崩壊したナ

チス時代のドイツにも、ごく少数ではありますが、まったく健全で、あらゆる種類の道徳的な罪を免れた人々がいました。こうした人々は、大きな道徳的な矛盾や良心の危機のようなものをまったく経験していません」[92]と説明している。

これらの人々がどのようにして罪を犯さずにいられたかを考察するならば、悪の凡庸さと思考能力の欠如という事態を分析する手掛かりが保たれるのではないだろうか、そして道徳的な崩壊という悲劇を防ぐ道を探ることができるのではないだろうか。アレントの連続講義「道徳哲学のいくつかの問題」では、この問いを集中的に考察しようとする。この講義は四回に分けられて行われたが、最初の三回の講義は、先に提起された善と悪についての三つの問いをめぐるものである。

アレントは、これらの無辜の人々について、すでに『イェルサレムのアイヒマン』で考察していた。こうした人々はたとえば、第三章で紹介したナチスの親衛隊に入れられようとして、入隊を拒んだ二人の兄弟である。彼らは、死刑を宣告されたときに家族に残した書簡において「ぼくたち二人は、あのような重荷を心に負うくらいなら、死んだほうがいいと思います。親衛隊の隊員がどのようなことをしなければならないかを、ぼくたちは知っています」[93]と書き送っていたのである。この二人は、親衛隊に入隊したならば、自分が他の人々にどのようなことをしなければならないかをよく知っていた。彼らの「善悪を識別する能力はまったく損なわれていなかった。彼らはまったく〈良心の危機〉には、襲われなかった[94]」のである。

こうした人物の行動で注目されるのは、彼らが「たとえ政府が合法的なものと認めた場合にも、犯罪はあくまでも犯罪であることを確信していました。そしていかなる状況にあれ、自分だけはこうした犯罪に手を染めたくないと考えていました」というところにある。彼らはカントの道徳哲学の基本的な概念である「義務」にしたがって行動したわけではない。「〈わたしはこんなことをすべきではない〉と考えたのではなく、〈わたしにはこんなことはできない〉と考えたのです」。

当時のドイツにあって、道徳性の崩壊の危機を経験せず、いかなる犯罪にも手を染めずにいることができたのは、こうした人々だけだった。その他の人々は、「国内亡命」や「歯車」理論などによって、自分の良心の痛みを糊塗しながら、第三帝国の体制とその犯罪に手を貸したのである。

これらの無辜の人々は、たとえ第三帝国で通用していた道徳の原理や、義務の観念を振りかざして「汝殺すべし」と命じられたとしても、「〈二足す二は五である〉と言うことが〈できない〉のと同じように、〈わたしには罪のない人々を殺すことはできない〉ことは自明なことだったのです。〈汝、なすべし〉とか〈あなたはそうすべきである〉という命令にたいしては、〈わたしはどんな理由があろうとも、そんなことはしない、またはできない〉と言い返すことができるのです。いざ決断を迫られたときに信頼することのできる唯一の人々は、〈わたしにはそんなことはできない〉と答えた人々だったのです」。

これらの人々だけが、真の意味で「考える」能力をもっていたことは明らかである。自分がある行為をしたならば他者がどのように苦しむかを、他者の立場に立って考えることができることを示したのである。それはどのようにして可能になったのだろうか。

これらの人々に特徴的なのは、こうした行動が完全に個人的な選択であり、道徳的な原理とはまったくかかわりがなかったことである。これらの少数の例外的な人々は、道徳的な原理によらずに、どのようにしてこうした選択をすることができたのだろうか。アレントはこの連続講義の第二講と第三講において、このような選択が可能である道を、古代ギリシアのプラトンの対話篇のうちから探しだそうとする。

2　プラトンの『国家』と『ゴルギアス』における正義論の枠組

†ソクラテスの示した道

この「自分にはそんなことはできない」という確信の強さを、思考という行為の可能性と結びつけて示したのが、古代ギリシアのソクラテスである。二〇世紀の第三帝国において、「自分にはそんなことはできない」という内的な自明な確信に基づいて、犯罪に手を染めることを拒む道は、すでに紀元前四世紀頃にソクラテスが示していたのである。もっとも現代のこれらの人々はたんに「そんなことはできない」と言うばかりで、そうした確信によって生まれた自分の決断について、道徳的な原理に基づいて説明することはできなかった。

しかしソクラテスは、この「そんなことはできない」という決断を、思考という行為と結びつけて説明していたのである。たんなる自明な確信としてではなく、道徳的な原理として道徳性の崩壊を防ぐ道を、アレントはソクラテスのうちにみいだしたのである。それではソクラテスはこうした決断について、どのように説明していたのだろうか。

†『国家』におけるソクラテスの正義の理論

ソクラテスがこの決断について説明したのは、対話篇『ゴルギアス』においてである。この対話篇は、「弁論術について」というサブタイトルがついているが、議論の核心となるのは、正義とは何か、不正とは何かという問題である。この正義とは何かという問題は、「正義について」というサブタイトルのつけられた対話篇『国家』でも取り上げられたテーマだった。

『国家』では、「正義とは何か」という問いに正面から取り組みながら、ソフィストのトラシュマコスの「強い者の利益になることこそが、いずこにおいても同じように〈正しいこと〉なのだ」[95]という主張が検討された。その際には、不正は幸福をもたらすものであることが、あたかも当然のことでもあるかのように指摘されていた。「国民すべての財産をまきあげ、おまけにその身柄そのものまでを奴隷にして隷属させるような者が現われると、……幸せな人、祝福される人と呼ぶ」[96]と語られたのである。そして国民を奴隷にするような専制君主こそが、他人に不正をしてでも自分の利益を実現することのできる幸福な人であると主張されたのだった。

この対話篇でソクラテスと議論したトラシュマコスは、このような完全な不正をなした人こそがもっとも幸福な人であり、「人々が不正を非難するのは、不正を人に加えることではなく、自分が不正を受けることがこわいからこそ、それを非難する[97]」のだと主張した。そうだとすると、もっとも幸福で「正しい」人は、みずから不正をなし、しかも正しい人と呼ばれる人のことであり、もっとも不幸な人は、「みずから正しいことをなし、しかも他の人々からは死刑にされる人」だということになる。このトラシュマコスの主張をソクラテスは、「不正な人間の生活は、正しい人間の生活にまさる[98]」ということだね、と要約している。

この主張に反論するためにソクラテスは、トラシュマコスの「正しい人」の定義が、本来の意味で正しいことをする人と、他者からみて「正しい人」という両義的な意味を含んでいることを利用して反論する。正しい人はみずからの魂を害から守っているが、不正な人は魂を害してしまうこと、そして正しい人は神々に愛されるが、不正な人は「神々にたいしても敵である人[99]」であることを指摘する。そしてトラシュマコスにこれのことを認めさせた上で、ソクラテスは正しい人は神々に愛されるのだから幸福であり、正しいことをすることは、本人にとっても得になることであること、そしてトラシュマコスの主張するように、「不正は正義よりも自分にとって利益になる」[100]と考えるのは間違いであることを指摘したのだった。ソクラテスはこれでトラシュマコスに十分な反論を行ったと考えていた。

しかしソクラテスの弟子であるグラウコンは、このソクラテスの結論に満足できなかった。世間では一般に、不正を行うことが幸福をもたらすと考えられているのはたしかだからである。そしてグラウコンはギュゲスの指輪というきわめて巧みな物語を語る。この指輪には、それを嵌めた人の姿が他人から見えなくなるという不思議な力があったという。この指輪を使うならば、誰もが他人にみられずに不正をして、自分の欲望をみたすことができるのである。グラウコンは、この指輪の誘惑に勝てる人はいないだろうと指摘する。ということは、「自発的に正しい人間である人は誰もいない」[101]ということであり、他人に知られないかぎり、人間は誰もが不正をなそうとするエゴイストであるということである。

ソクラテスは、この対話篇の全体を通して、自分の欲望に駆られて不正をなす人は、実際には不幸な人であることを示そうとするが、結局はグラウコンを十分に説得することができず、最終的には、死後の世界での裁きという神話に頼らざるをえなかった。この神話によると、すべての人は死んだときに、生前の善悪について裁きを下され、悪をなした人はその後の永劫の時間にわたって、残酷な苦しみを与えられるのである。

ソクラテスがこの神話を利用して語るように、魂が不死であり、「どんな人間であるかは神の目を逃れることができない[102]」と考えるならば、神の裁きを恐れて、人は幸福を招くはずの不正をなすことを控えるかもしれない。しかしこれはあくまでも神話の架空の物語にすぎない。誰も自分の死後にまで自分の魂が生き延びることを経験したことはないし、それを証明することもできないのである。それが誰もが自分の心に問うてその正否を考えることのできるギュゲスの指輪の物語のもつ力とこの物語の違いである。ソクラテスはこの対話篇『国家』では、グラウコンの主張に根本のところでは反駁できていないである。

正義の観点からみた四種類の人々

というのも対話篇『国家』では、正しい人が幸福になるかという問題よりも、正義とは何かという主題について、国家と人の構造的なアナロジーに基づいて考察することに重点を置いていたからである。

これにたいして対話篇『ゴルギアス』では、「正義とは何か」という問題を正面からとりあげるのではなく、むしろ不正が幸福をもたらすかどうかに、議論が集中する。『国家』では、ギュゲスの指輪の物語が示した不正と幸福の結びつきは、完全には否定されなかったが、『ゴルギアス』では、このギュゲスの指輪の物語に象徴的に示される不正と幸福の結びつきを否定することが重要な課題とされたのである。

この対話篇では、不正と幸福の関係を、裁判で死刑を宣告されたソクラテスが、これからみずから経験することになる刑死という「不幸」を軸に考察されている。対話相手のソフィストたちは『国家』のトラシュマコスと同じように、罪なくして死刑を宣告され、死を迎えざるをえないソクラテスを、正義を守ろうとして死刑になる不幸な人間とみなすだろう。しかしこれから「不幸にも」死なざるをえないソクラテスは、まったく違う考えをしているのである。ソクラテスは、正義と不正、幸福と不幸の関係について、死刑にかかわる関係者を四種類の人々に分類して語ってみせる。「他者を不正に死刑にする者」、「他者を正しく死刑にする者」、「他者によって正しく死刑にされる者」、「他者によって不正に死刑にされる者」である。

第一の「他者を不正に死刑にする者」としては、たとえば悪しき僭主が挙げられている。こうした僭主は「殺したいと思う人を誰でも死刑に処し、これはと思う人がいればその財産を没収し、国から追放する」[103]のである。対話相手であるソフィストのポロスは、こうした人を「うらやましい」人と呼ぶが、ソクラテスはこの人を「惨めである」と形容する。

第二の「他者を正しく死刑にする者」は、国家の裁判官であり、死刑執行人であろう。ポロスはこうした人も「うらやましい」と呼ぶ。しかしソクラテスはこうした人々は惨めではないとしても「うらやましくない」と語る。

第三の「他者によって正しく死刑にされる者」は、罪を犯したために裁かれて死刑になる者であろう。こうした人々は自分の犯した罪を死によって償わされるのであるから、ポロスであれば、不幸であり、惨めな人と呼ぶだろう（ただしソクラテスは必ずしもそうは考えない）。

第四の「他者によって不正に死刑にされる者」は、この場合にはソクラテス自身である。この人をポロスは「惨めで哀れむべき人[104]」と呼ぶが、ソクラテスは第一の種類の僭主や第二の種類の死刑執行人のように、他者を「死刑にする人よりはましである」と指摘し、さらに第三の「正しく死刑にされる人よりもましである[105]」と語る。

もちろんソクラテスは不正に死刑にされる人を「うらやましい」とは考えないが、「惨め」であるのは、「不正に死刑にする人」たる僭主であることを明確に指摘するのである。不正を加える人は、不正を加えられる人よりも惨めである。その理由は、『国家』で語られたのと同じである。不正を加えることは、みずからの魂を害することであり、神々から愛されないからである。このようにしてソクラテスの重要なテーゼが導かれる。ソクラテスはみずからの魂の健康を考え、そして神々による死後の裁きを考えて、「不正を加えるよりは不正を受けることを選ぶ[106]」のである。これをアレントにならって、「悪しきことをなすよりも悪しきことをなされるほうがましである」と表現することができるだろう。

ソクラテスはこの『ゴルギアス』の対話篇でも、このテーゼを主唱するために『国家』と同じように神話に頼っている。死後の裁きを行うためにゼウスは三人の息子、ミノス、ラダマンテュス、アイアコスの三人を裁判官に使命したというのである。これらの三人が、死後の魂の行く先を決定するとされている。

しかし『ゴルギアス』で注目されるのは、ソクラテスが自分が不正を犯さない理由を、こうした神話とは別に、自分の生き方の問題として、ソフィストのカリクレスに説明していることである。ポロスとの対話では、不正を魂を害する病のように語りながら、身体の病気になったときには、身体を治療する医者にかかるべきであり、不正を犯した場合には、その魂の病気を罰によって癒す必要があるという比喩で説明する。しかしカリクレスにたいしては、「自己と調和する」ことの必要性を訴えながら、不正を犯すべきではないと主張するのである。

†自己との調和の重要性

ソクラテスは、どうして不正を犯すべきではないのかを説明するために、不正は自己の魂との調和を損ねることを、次のような比喩によって語っている。「わたしのリュラ［琴］

や、わたしが後援しているコーラスの調子があわず、不協和な状態にあったとしても、そして大多数の人々がわたしと意見があわずに、反対のことを言ったとしても、そのほうが、わたしというたった一人の人間がわたし自身と不調和であり、矛盾したことを言うよりはまだましだ[107]」と言うのである。

アレントは、ソクラテスがこの対話篇の最後で示した三人の裁き手の神話ではなく、この自己との調和を何よりも大切にすべきであるというソクラテスの定めた「掟」に注目する。ソクラテスは自分が不正をなさない理由を、この自己との調和を守るという掟によって説明しているのであり、これはソクラテスがみずからに定めた道徳律性の原則であると考えられるからである。このソクラテスの道徳律には二つの重要な要素がある。自己との関係という要素と思考という要素である。これについて順に考えてみよう。

†「もう一人のわたし」との対話

このソクラテスの掟には語られていない前提がある。それはわたしという自己のうちには、もう一人の「わたし」がいて、わたしはつねにこのもう一人の「わたし」と調和していなければならないということである。リュラ琴の音が調和するというときには、一つではなく複数の音の調和が考えられている。二つの音があって初めて調和とか和音ということが可能になる。リュラ琴ではなく自己において、わたしと調和すべきなのは、この自己のうちのもう一人の「わたし」なのである。この「わたし」について、ソクラテスは別の対話篇『ヒッピアス（大）』で詳しく説明している。

　この対話篇でソクラテスは、ソフィストのヒッピアスから、美についての雄大な理論を語り聞かされる。そして一度はそれに納得したような様子をみせる。しかしすぐにそれを否定する。というのも、十分に納得せずに他者の理論をそのまま認めたりしたら、「いつもわたしを反駁するこの男から、ありとあらゆる悪口を聞かされることになります。それもこの男は、わたしに血筋が一番近く、しかも同じところに住んでいるのです。だからわたしが家に帰ってわたし自身の住居に入って、そしてわたしが以上のこと「ヒッピアスの理論」を語ったりしたら、それを聞いて、……「そんなことを語るなんて」恥ずかしくはないかと尋ねるのです[108]」。

　議論が終わった後にソクラテスが帰宅するという「わたし自身の住居」が、孤独に戻った後の自己であること、そして「血筋の一番近い男」とは、わたしが孤独のうちでわたしの自己のうちで対話するもう一人の「わたし」であることは、明らかだろう。この孤独のうちでの自己との対話こそ、アレントによると思考の本質的な特徴なのである。すでに第1章で考察してきたように、わたしたちはものを考えるとき、孤独になる必要がある。

「わたし自身の住居」にひきこもる必要がある。

たしかに他者と対話することによって、それまで考えていなかった新たな視点が開かれることがあるし、それまでと違った視点から考えるきっかけが与えられることもある。しかしそのきっかけをもとにして、その事柄について自分で考えるには、孤独のうちに引きこもる必要がある。そして孤独のうちでの思考は多くの場合、自分のうちのもう一人の自分に問い掛けるという形で行われる。わたしたちは知らず知らずのうちに、自己のうちのもうひとりの「わたし」との沈黙の対話によって、考えを深め、研ぎ澄ませてゆくのである。

プラトンは思考のこの性格について、別の対話篇『テアイテトス』では、「じつのところ、わたしの目には、思考しているときの心はこういうものとしか、つまり心がひとり自分自身に問い掛けたり答えたり、肯定したり否定したりして問答している（ディアゲスタイ）としか思えないのです」[109]と説明している。孤独のうちでわたしが「もう一人のわたし」と沈黙のうちに語りあう思考のあり方を、アレントは「一人における二人」[110]と表現している。

重要なのは、これが思考の本質的な特徴であるとともに、良心の機能を告げているということである。良心という語は、意識という語と深い関係にあり、フランス語では良心と意識という語は、どちらもコンシアンスという語で語られる。しかしもともとは意識と良心は明確な違いをそなえていた。ギリシア語ではこの良心という語はシュネイデーシスという語であり、「他者とともに何かを知ること」を意味する。

良心とはたんなる自己についての意識ではなく、他者とともに知る自己についての知なのである。この語がそもそも意味しているのは、他者の視点から自己をみつめたときに生まれる自己への批判的なまなざしだっただろう。自分の住居に戻ったときに対話する「もう一人のわたし」という存在は、意識においてこの他者の視線としての役割をはたすものなのである。

わたしは他者とともにいるときには、他者のまなざしのもとにあり、一人の人間として自己のアイデンティティを自覚している。わたしはわたしという個人であり、他者も別の個人である。ここでは関係はいわば対等である。あなたがあなたであるのは、わたしがわたしであるからである。ここで他者とともに何を知ったとしても(たとえば昨日、遠い場所で起きた事件について)、そこに良心が生まれるきっかけとはならない。良心が語りだすのは、他者と別れて、孤独になって「もう一人のわたし」と直面するとき、そしてこの「もう一人のわたし」という他者とともに、自己について点検するときなのである。

そしてこのもう一人の「わたし」は、わたしの心のうちに住みついているため、わたしの内面の心の動きを熟知しているのであり、きわめて手厳しい批判を投げ掛けてくる。その批判の鋭さは、わたしに孤独から離れて、他者のもとに赴くことを望ませるほどなのだ。この良心のあり方をきわめて雄弁に語っているのが、シェイクスピアの『リチャード三世』である。

†シェイクスピア『リチャード三世』における良心

リチャード三世は、自分が国王になるために邪魔だった親族を次々と殺戮していって、ついに戴冠した残虐な王としてよく知られている。この極悪な王にもまた良心というものがあったことを示すために、シェイクスピアはリチャード三世に次のように独白させている。


何だと。おれ自身が恐ろしいとでもいうのか。側には誰もおらぬ。

リチャードはリチャードが好きだ。つまり、おれはおれだ。

ここに人殺しでもいるというのか。いや、いない。そうだ、おれが人殺しだ。

じゃ逃げろ。なんと、おれ自身から逃げるとでもいうのか。いったいどんな理由からか。

おれが復讐するといけないからだ。何だと、おれがおれに復讐するというのか。ところが悲しいかな。おれはむしろ自分がしでかした忌まわしい行為のためにおれ自身が嫌いなのだ。

おれは悪党だ。しかし自分では悪党ではないような顔をしている。

馬鹿、自分のことはよくいうものだ。馬鹿、おべんちゃらをいうな。〔111〕

このリチャードの独白は、わたしともう一人の「わたし」とが対話する錯綜した劇である。リチャードは、おれは「おれ自身が怖い」と語る。この「おれ自身」とは誰だろうか。それはリチャードのうちの「もう一人のわたし」のことである。この「もう一人のわたし」は、リチャードがやってきたすべてのことを知っている「わたし」であり、リチャードに「邪魔者は殺せ」と命じる「人殺し」である。

リチャードは、この自分のうちの「もう一人のわたし」におびえている。その「わたし」はどすぐろい欲望をもつ殺戮者だからである。しかしリチャードは自己愛のために、そのことを認めたくない。「リチャードはリチャードが好きだ」からだ。リチャードはこうした自己愛のために「自分では悪党ではないような顔をしている」のである。しかし自分のうちの「もう一人のわたし」の命令にしたがって、多くの殺戮をつづけきた。そして

「自分がしでかした忌まわしい行為のために」自分自身を嫌いになっている。他人には見えない「もう一人のわたし」が殺人者であることを、リチャードは知っているのである。このもう一人のわたしは、そこから逃げだしたいほどの恐怖をかき立てる忌わしい存在である。しかしそこから逃げることは、誰にもできないことである。このことは、「もう一人のわたし」としてどんな人物を選ぶかが、とても大切であることを教えている。

ソクラテスが「悪しきことをなすよりも、悪しきことをなされるほうがましだ」と語るのは、そのためである。リチャードの場合には、この「もう一人のわたし」は、欲望の赴くままに殺害を命じる「悪党」だった。しかしソクラテスの場合には、この「もう一人のわたし」は、実際に生きているソクラテスを糾弾する「良心」を代弁する人物である。だからソクラテスがもしも悪しきことをしてしまえば、彼のうちの「もう一人のわたし」が、わたしを激しく糾弾するだろう。リチャードの場合には他人への見かけを装って、自分が実際には悪党でありながらも「自分では悪党ではないような顔をしている」のだった。そのため、他者のまなざしから隠されている「もう一人のわたし」が、隠されたわたしの本心を語る悪党にならざるをえなかったのである。どちらの場合にも、表の顔であるわたしと、その背後にひそんでいる「もう一人のわたし」とは、調和して平和のうちに暮らすことはできないだろう。

しかし他人から悪しきことをなされたのであれば、たとえわたしが不幸になっても、わたしは自分のうちのもう一人のわたしと調和して、平和につき合うことができるだろう。もう一人のわたしがわたしを糾弾することはないだろうし、悪党として殺人を命じることもないだろう。ところがリチャードのように、殺人者を自己のうちに抱えてしまうと、もはや自己から逃げださざるをえなくなるのである。「誰が殺人者の友人であることを、殺人者とともに暮らすことを望むでしょうか。殺人者でもそれは嫌うでしょう」[112]。その場合には、自己と向きあうことをやめて、他者のもとに赴くしかなくなる。リチャードは友人たちとともに騒ぎ始めると、こう語るようになる。

良心などということ、臆病者の言うこと
そもそも強者を怖れさせるために作った言葉だ。[113]

†ソクラテスの「一人における二人」の理論の意味

リチャードは、良心などは「強者を怖れさせるために作った言葉」だという理屈によって、自分のうちに殺人者がいることを忘れようとする。そのことを忘却するには、「孤独な状態での無言の対話（それをわたしたちは思考と呼ぶわけです）を始めず、自宅に戻って物事を吟味しないだけでよい」[114]のである。思考するということは、もう一人の自分との対話を始めるということだからだ。

『イェルサレムのアイヒマン』で描かれたように、「凡庸な悪」を体現したアイヒマンが思考を停止するのは、半ばそのためだろう。思考のうちで、わたしのうちの「もう一人のわたし」と対話するということは、自分のうちの殺人者と向きあうということであり、自分の犯してきた悪事と直面するということだからだ。それは苦痛なことであり、忘れたいことなのである。

このように思考を停止するというのは、どのような人にでも訪れることである。思考を停止するかどうかは、「邪悪さと善良さの問題ではありませんし、知的であるか愚鈍であるかどうかの問題でもありません。わたしとわたしの自己との交わりを知らない人、わたしたちが語り、なすことをみずから吟味することを知らない人は、自分に矛盾があっても気にしないのです。そして自分が語ることや自分が行うことについてみずから説明することはできないし、説明するつもりもないのです。ですからどんな罪を犯しても平気でしょう」[115]とアレントが語るとおりである。

このように、ソクラテスの「一人における二人」の理論によってアレントは、ナチスの第三帝国で命じられて人々を殺害することを拒んだ人々の「自明な確信」を道徳性の問題として説明することができたのである。これらの人々は、それがごく自明なものであっただけに、みずからはそれを説明することはできなかっただろう。しかし「わたしにはそのようなことはできない」という判断の背後には、こうした「一人のうちの二人」という思想があったと、アレントは考えたのである。これらの人々は自分のうちに殺人者を「もう一人のわたし」として抱え込むことはできないと考えたのである。そして「悪しきことをなすよりも、悪しきことをなされるほうがましである」というソクラテスの原則にしたがって、自分のうちに殺人者を対話の相手としてもつよりは、命を捨てることを選んだのである。

この選択をなすことができるかどうかは、知識人であるかどうかとも、善良であるかどうかともかかわりのないことだった。無知な人でも、善について悪について道徳哲学の原理を語ることのできない人でも、心にひらめくように、なすべきことを選択することができたのである。

3　カントの共通感覚の理論と道徳性

†人々を殺すことを拒む判断の特性

このように、命令されて人々を殺すことを拒んだ人々のうちでは、ソクラテスの掟に示された道徳性の原則が働いていることを明らかにすることで、アレントはこの問題を考察する道徳哲学の手がかりをつかんだのである。アレントはこの連続講義の第四講において、カントの判断力と共通感覚の理論を手がかりに、このソクラテスの掟を、たんに「わたしにはそんなことはできません」という直観的な確信としてではなく、道徳的な原理として示すにはどうしたらよいかを示そうとするのである。

この直観的な判断は、人々の心を貫くように、あるいは心のうちで閃くように訪れる。これは他者に説明することが困難な性格のもののようである。しかしナチス親衛隊員になることを拒んだ二人の兄弟の語った言葉を分析していくと、こうした直観のうちから、道徳哲学を構築することのできる三つの特徴と原則を取りだすことができる。

まず、この直観において働いているのは、たんに自分が殺人を犯すというような行為をすることを是認できないという倫理的な潔癖さだけではないことが指摘できる。このような潔癖さは、自己愛の形でも表現することができる。こうした自己愛は、世界のすべての人と対立してでも、自己のうちに調和を維持し、道徳的に正しい自分を保っていたいと考えるものだろう。ソクラテスの「わたしのリュラ〔琴〕や、わたしが後援しているコーラスの調子があわず、不協和な状態にあっても、そして大多数の人々がわたしと意見があわずに、反対のことを言ったとしても、そのほうが、わたしというたった一人の人間がわたし自身と不調和であり、矛盾したことを言うよりはまだましだ」という言葉は、この自己のうちでの調和への愛を示すものと考えることも可能ではある。

しかしこうした直観のうちで働いているのは、そうした自己愛ではないことは、すぐに分かる。それは二人の兄弟が「ぼくたち二人は、あのような重荷を心に負うくらいなら、死んだほうがいいと思います。親衛隊の隊員がどのようなことをしなければならないかを、ぼくたちは知っています」と語ったことからも明らかである。この兄弟は、たんに自己のうちの魂の調和を保つことを願ったのではなく、隊員になったならば他者にたいしてどのような行為をすることになるかを、みずからの心のうちでまざまざと想像したのである。

そしてその想像のうちで、自分が上部の命令に唯々諾々としたがって他者を害するような親衛隊の隊員となることを拒んだのであって、自己愛に動かされたのではないのである。自己愛によって行動しないこと、これが第一の原則である。

この直観のうちにある第二の特徴は、この二人は想像力を働かせて、他人の立場に立って自分を眺めることができたということである。この想像力の働きは、こうした判断を下す人に、他人の立場に立って考えることを可能にしたのである。想像力を働かせて、他人の立場に立って考えること、これが第二の原則である。

第三の特徴は、すでに考察してきた「一人のうちの二人」の原理がしっかり働いていたということである。この原理が教えたのは、その想像力によって思い描いた自分が、自分にとって耐えられないものとなることを避けねばならないということだった。それでないと、その「心の重荷」はとても背負いきれないものとなるからである。

この二人の若者は、殺人者を自分の心のうちに同居させるときに、どのような「心の重荷」が生まれるかを、想像力でまざまざと思い描いて、それに耐えられないと感じたのである。そして悪人である自分をパートナーとして生きることができないと考えたのである。そこでは、自分のうちの「もう一人のわたし」として、どのような人を「手本」として選ぶか、リチャード三世のような人を手本とするのか、自分の信念のためには命を捨てることを拒まなかった歴史上の多くの人を手本とするのかという生き方の選択が問われているのである。この「一人のうちの二人」の原理にしたがうこと、これが第三の原則である。

アレントは第四講では、この三つの原則、すなわち自己愛の否定、他者の立場に立つ想像力の重視、自己のうちのパートナーをある種の「手本」として選択するという原則を、カントの判断力と共通感覚の理論のうちに読み込んでゆく。アレントはソクラテスの「一人のうちの二人」の原理が、みずからの魂の汚れを嫌うという意味では自己への愛と傾きがちであったことを確認しながら、この「一人のうちの二人」の原理をさらに拡張する形で、カントの判断力の理論に依拠しながら、道徳哲学の原理を描きだそうとする。

†自己愛と利己主義の否定――第一の原則

はじめに自己愛の否定について考えてみよう。カントが、ソクラテスのような自己の魂との調和とは異なる自己との関係の考え方を提示したのは、『判断力批判』と、そこで示された共通感覚という概念によってである。カントは『判断力批判』において、まず美的な判断、たとえば「この薔薇は美しい」と語る言葉によって、すなわちわたしたちがごく日常的に行っている美的なものについての判断から、判断力という能力の考察を始めている。この美的な判断の命題には、三つの重要な特徴がある。第一は、これは認識にかかわる命題ではないということである。「これは一本の薔薇である」や「薔薇は植物である」などの認識にかかわる命題は、わたしたちがある対象について、それが「薔薇」という名前で呼ばれるものであり、その個数が一つであることを主張したり、それが植物という類に含まれるバラ科バラ属という一つの種のうちの薔薇の個体であることを主張したりするものである。ところが「この薔薇は美しい」という命題は、薔薇についての何らかの認識を示すものではない。

第二は、この主張はカントが『純粋理性批判』で示したような、カテゴリーに依拠することで客観的な妥当性をもつ命題ではないことである。これは「一つ」という個数を主張する命題でも、薔薇が植物のある種として類に含まれることを主張する命題でもない。こうした命題であれば、それが正しいかどうかを誰もがすぐに判断することができ、他者はそれを否定したり、肯定したりすることができる。しかし「この薔薇は美しい」という命題は、他者が客観的に調べて肯定したり否定したりすることができる命題ではないのである。

第三は、それでもこの主張は普遍性な妥当性を主張するものであることである。わたしが「この薔薇は美しい」と主張したとき、それはわたしのたんなる好みを表現したものではない。これは美的な判断と好みの判断との明確な違いである。たとえば「わたしはクラムチャウダーが好きだ」と語ったときには、わたしはその相手がその命題に同意して、「わたしもクラムチャウダーが好きだ」と語ることを要求することも、期待することもできない。好みは人それぞれだからだ。同じあさりを使ってもクラムチャウダーよりも、あさりのみそ汁のほうが好きな人もいるだろう。

しかし「この薔薇は美しい」と主張するときには、わたしは相手もそれに同意することを暗黙のうちに求めているのである。この主張は、ある種の普遍的な妥当性を含む命題なのである。カントはこの普遍性について、「あるものが美しいと断定する人は、すべての人がその対象にたいして例外なく賛同を与え、自分と同じように美しいと判定すべきであると要求する[116]」と語っている。

このように、「この薔薇は美しい」という美的な判断の命題は、認識にかかわる多くの命題とは違って、客観的な妥当性をそなえていない命題でありながら、それでいて普遍的な妥当性が含まれる命題なのである。それはどうしてなのかというのが、カントが『判断力批判』を執筆するにいたった重要な問いだった。そしてカントはこの判断の妥当性は、共通感覚によって生まれると考えた。「ある感情にすべての人が普遍的に参加することができるためには、何らかの共通感覚の存在を前提にしなければならない[117]」というのである。

この美的な判断の妥当性を保証する共通感覚とはどのようなものだろうか。アリストテレスはこの感覚を、視覚や触覚などの人間の五感の背後にあって、それらと共通する（運動や形などの）感覚と考えたが、カントはこれを個人のうちにそなわる感覚ではなく、一つの共同体にそなわる共通の感覚であると考えた。アレントは、カントの考えた共通感覚について、「厳密には共通感覚とは、わたしたちが他人とともに共同体のうちで生活できるようにする感覚であり、共同体の一員としてわたしたちが自分の五感を使って他者と意志の伝達が行えるようにするものでした」と説明している。

わたしが「この薔薇が美しい」という判断を下すとき、わたしはこの日本という共同体の風土のうちで生きてきた無数の人々がこれまで下してきた無数の判断に依拠しているのであり、これはわたしのたんなる個人的な判断ではないのである。これは日本という共同体の（そして人間の多くの共同体の）共通感覚にもとづいた判断なのである。

この共通感覚による美的な判断はさらに、道徳的な判断とも明確に異なるものである。カントの道徳的な判断は、他者の判断を排除するものだった。定言命法は、自分の行動の主観的な原理が法則として妥当するものであるかどうかを、自分の心のうちだけで判断することを求める。しかし美的な判断は、他者の判断を排除することはできない。ソクラテスのリュラ琴の譬えのように、自分が自己と調和することだけを求める判断ではないのである。

この自己との調和を求める命題からは、悪をなす自己を嫌うために、悪をなさないという原理が生まれるが、これは否定的な命題にすぎない。アレントは、道徳性の崩壊を防ぐために、こうした否定的な命題を超えた原理を探しているのであり、その原理をこの共通感覚の概念に求めるのである。アレントはこれについて「道徳性の問題を、悪しきことをなさないようにするとか、いかなることもなさないというようなたんなる否定的な側面を超えて考察しようとすれば、この問題はカントが美的な行動だけにふさわしいとみなした人間のこうした行動様式において考える必要があります」と説明している。カントの道徳哲学で定められた定言命法では、問題となるのは基本的な自己だけである。しかしアレントはカントの判断力の哲学のうちに、こうした自己を超えた道徳性の原理をみいだすことができると考えるのである。

というのも、自己愛の原理、すなわち「利己主義は、道徳的な説教では克服できない」からである。それは「道徳的な説教は、つねにわたし自身の自己のところに押し戻す」からである。自己だけを目指したカントの道徳性の原理を乗り越えるためには、人間がつねに複数で存在する共同体のあり方に依拠しなければならないのである。

そしてこれはカント自身が語っていることである。カントは『人間学』という書物で、「利己主義に対抗するのは複数性のあり方だけである。複数性のあり方とは、全世界をみずからの中に包みもっているものとみずからをみなしたり、そのようにふるまったりするのではなく、自分を一人のたんなる世界市民とみなして、そのようにふるまう考え方である[118]」と語っているのである。多数性の原理こそが、人間の個別的な自己愛を克服する道を示しているのである。

†他者の立場に立つこと——第二の原則

さらにこの共通感覚の概念のうちには、他者の立場に立つことを求める重要な原則が含まれる。「この薔薇は美しい」とわたしが言明したときには、他者の同意を求めていることはすでに確認した。この判断には、わたしが他者の立場に立ってこの薔薇を眺めたときに、わたしの属する共同体にそなわる共通感覚に基づいて、やはり「この薔薇は美しい」と語るはずだという判断が含まれる。アレントは、「わたしがある共同体の一員であるのは、この共通感覚をそなえることによってであり、そのためにこうした妥当性を共同体の全体に期待することができるのです」と指摘している。

そしてカントは、この共通感覚はたんにその人が所属する共同体だけに限定されるものではないと考えていた。人間にはすべてこの共通感覚がそなわっていることは、思考という営みそのものに、このような他者の立場にたって考えるということが含まれるからである。カントは『判断力批判』において、人間の思考の原則として、次の三つの原則を挙げている。第一の原則は、自分で考えることである。これは世間一般で常識として認められていることに流されずに、自分の力で考えることであり、知性の格律とも呼ばれる。第二の原則は自分を他者の立場において考えることである。カントは「拡張された思考の格律[119]」と呼んでいるが、これはすでに確認してきたように、判断力の格律である。第三はつねに自分と一致して考えることである。これは自己矛盾をもたらさないように、首尾一貫して思考することであり、これは理性の格律である。

ここで重要なのは第二の「拡張された思考の格律」である。判断力のうちでも反省的な判断力というものは、特殊なものが与えられた際に、それを規定する普遍的なものをみいだす能力とされている。そしてこの能力は共通感覚に依拠しているのである。共通感覚は「一種の判定能力であり、その反省において他のすべての人の考え方を、自分の思考においてアプリオリに配慮する能力[120]」であるからである。反省的な判断力を働かせることで人間は、自己の外にでて、他者の立場になって考えることができるのである。

そしてこの能力は、そこで配慮する「他のすべての人」の範囲が広まれば広まるほどに強力なものとなっていく。「わたしが自分の思想のうちに思い浮かべることのできる人々の意見の数が多ければ多いほど、それはさらに代表的なものになります」とアレントが語るとおりである。これが、ある行動を起こす前に、その行動が他者に及ぼす影響と帰結を、他者の立場にたって考えるという道徳性の原則にとってきわめて重要な意味をもつことは明らかだろう。

†手本の選択――第三の原則

カントは、この判断力という能力は、知性や理性とは異なる特殊な能力であることを強調している。知性は認識することのできるすべての人にそなわるものであり、理性は人間が人間らしく生きるために不可欠な能力である。しかし判断力は「特別な能力であり、これを教えこむことはできず、たんに練習して鍛えるしかない[121]」ような能力である。たとえば書物を読んで法律について学ぶことで裁判官になることはできるが、優れた裁判官であるためには、「実例について学び、実際の業務に携わることによって、こうした判断を下すまでに習熟する[122]」ことが必要なのである。

人々は書物を離れて実例に学ぶことで判断力を鍛えることができるが、その際に重要なのは、こうした実例のうちでも、「手本」となる実例に学ぶことである。この「手本」という概念には二つの重要な特徴がある。一つは、この手本のうちには、趣味判断の「理念」がそなわっていなければならないということである。あるものが「美しい」と判断することができるためには、判断を下す人にすでに、どのようなものが美しいものであるかということを判断する基準としての美の理念が存在していなければならないとカントは考える。そして手本は、この理念に基づいて生み出されるのである。「最高の手本、すなわち趣味の原型は、各人が自分自身のうちでみずから生みださねばならないような理念にほかならない[123]」からである。

もう一つは、こうした理念は現実の個体において実現された「理想」でなければならないということである。この「理想は、理念に完全に適合するとみなされるような個別的な存在者の像を意味する[124]」ものである。この理想とされた個別的な存在者は、いわば美のイデアを体現した存在者であって、判断する人はこの手本に基づいて、個々のものが美しいかどうかを判断することができるのである。

道徳の特定の問題について判断を下すことを求められた際に、多くの人は「あの人ならどう判断するだろうか」と考えてみる手本をもっているものである。それはたとえば聖書に描かれたイエスの像であるかもしれないし、プラトンが描きだしたソクラテスという人物の像であるかもしれない。ソクラテスの「悪しきことをなすよりも、悪しきことをなされるほうがましである」という原則は、こうした手本の示した掟として役立つのである。アレントは「ソクラテスが手本を示して、善と悪を決定する特定の方法への手本に、そして特定の行動の手本になった」と指摘している。これによってこそ、この原則が「文明的な世界の人々から信奉されるようになった」のである。

この手本を選ぶという方法は、「一人のうちの二人」である思考のパートナーとしてどのような人を選んではならないかを決める方法でもある。道徳的な判断を下す際にソクラテスが手本として役立つように、誰を自分のうちなるパートナーにしたくないかを判断する際には、それぞれの人が思い浮かべることのできる悪人の手本が役立つのである。たとえばある行為がリチャード三世と同じ性質のものであるならば、その行為をなすことは、リチャード三世を自分のパートナーとして選ぶことを意味するだろう。多くの女性を誘惑することに生きがいを感じる人は、ドンファンを自分のパートナーとすることになるだろう。妻を殺害することを計画している人は、青髭を自分のパートナーとすることになるだろう。

そしてアレントが指摘するように、青髭とともに暮らしたいと言う人がいたとしたら、「その人がそのような人物を手本として選んだのであれば、わたしたちにできることはその人が近くにやってこないようにすることだけです」ということになる。すでに確認したように、アレントがアイヒマンに死刑を宣告することができると考えたのは、地球上の誰も、アイヒマンとともに暮らすことを選ばないだろうという理由からだった。地球のすべての人がアイヒマンを厭うべき人物の「手本」とみなすのであれば、アイヒマンには地上で暮らすべき場所がもはやなくなっているということなのである。

†道徳的な原理

このように「わたしにはそのようなことはできない」という判断が直観によるものではなく、道徳的な原理になることができるとすれば、これらの三つの原則が、その原理を構成することになるだろう。この原理に依拠するならば、道徳的な行動を決定する前に、利己主義と自己愛を否定し、他者の立場に立って考え、自己のうちのパートナーにどのような人物を選ぶべきかをみずからに問い掛けることになるだろう。このような基準で判断を下すかぎり、その人は決定的な選択において、重大な道徳的な判断の誤謬を犯すことはないだろう。

アレントはこの連続講義で、「わたしにはそのようなことはできない」という重要な判断を、たんなる自己愛に基づいた直観的な確信としてではなく、道徳的な原理として再構築しようと試みた。そしてカントの判断力と共通感覚の理論に依拠しながら、これらの三つの原則をその原理を構築するものとしてとりだしたのである。

ただし人々がつねにこうした道徳的な判断を下すとは限らない。現代では、自分の自己のパートナーがどのような人でも別に気にならないという人が多くなっているかもしれないからである。「道徳的にみても政治的にみても、この無関心さは、きわめてありふれたものではありますが、きわめて危険なのです」と言わざるをえないのである。アノミー的な道徳性への無関心は、道徳的な判断そのものを不可能にしてしまう可能性がある。

さらにアレントは、このような無関心と同じように、思考することの欠如もまた、大きな危険をもたらすことを指摘している。思考することを拒否するということは、「そもそも判断することをすべて拒否する」ということである。こうして「自分の手本を選択することが、ともに暮らしたい人を選択することができない場合、あるいはそもそも選択する意志がない場合」には、もはやその人を救う手段はなくなってしまうだろう。これは大きな躓きの石となるものであり、これはわたしたちがその人を理解する道を閉ざすものである。というのもこの躓きの石は「人間が作りだしたものでも、人間が理解できる動機によって生まれたものでもないからです。そこに恐怖があります。そして同時にそこに悪の凡庸さがあるのです」とアレントは指摘している。悪の凡庸さは思考することを停止することによって生まれるものであるが、こうした人はやがて誰からも理解されることのない閉じた孤立のうちで生きざるをえないのである。

†終りに

このようにアレントは『全体主義の起原』から『人間の条件』をつうじて『イェルサレムのアイヒマン』にいたるまで、ドイツにおける道徳性の崩壊の衝撃のもとで、全体主義の犯罪に手を貸すことを防ぐことのできるような道徳性の原理を一貫して模索してきたのだった。そしてソクラテスの定めた道徳性の原則に依拠しながら、ナチスに協力することを選んだ人々とそれを拒んだ人々の背後にあるものの考え方を明らかにしてきた。この「道徳哲学のいくつかの問題」の連続講義においてアレントは、人が決定的な瞬間にきわめて重要な道徳的な過誤を犯さないようにするための道徳的な原理を明確に示すことに成功したのである。

それは自己愛からではなく、想像力をもって他者の立場に立って考え、思考における自己の対話のパートナーに誰を選ぶかを熟慮するという原理だった。この原理は、一見するほど、簡単に実現できるものではない。現代の社会で人々は想像力を働かせ、思考することなどは無意味なことと考えがちだからである。しかし考えることを放棄することから生まれるのは、凡庸な悪のうちに陥りながら、巨大な悪に荷担してしまうという危険である。わたしたちは他者の立場に立って、想像力を働かせて考えることをやめた瞬間から、凡庸な悪を体現しながら、人道に反する罪の片棒を担ぐ道を歩み始めるかもしれないのである。

ハンナ・アレントの生涯と著作

アレントは一九〇六年一〇月一四日にドイツのハノーファー近郊で生まれた。ただし父の病のために幼い頃から、実家のあったケーニヒスベルクに移り住んでいた。ユダヤ人の血筋だが、両親は社会民主党員で、家庭に宗教色はなかった。ただし父方の祖父はユダヤ教のラビで、幼いアレントはこの祖父になついていた。

一七歳から一八歳の頃にマールブルクでハイデガーに学び、ハイデルベルクでヤスパースに学んだ。師のハイデガーと学生のアレントの恋愛関係は有名であり、『アーレント＝ハイデガー往復書簡――1925-1975』（大島かおり・木田元訳、みすず書房）に、アレントの愛の手紙や初期の詩作品が収められている。アレントは戦後になってハイデガーと再会した後は、ハイデガーの死にいたるまで主に書簡を通じて交流をつづけており、その様子もこの書簡集に詳しく述べられている。

一九二八年にヤスパースを指導教官として、博士論文『アウグスティヌスの愛の概念』

（千葉眞訳、みすず書房）を執筆し、翌一九二九年にこれを出版した。この年、最初の夫であるギュンター・シュテルンと結婚している。シュテルンは後に、ギュンター・アンダースという筆名で多くの著作を執筆するようになった。『時代おくれの人間』、『核の脅威――原子力時代についての徹底的考察』、『われらはみな、アイヒマンの息子』など、多くの作品が邦訳されている。

一九三三年にシオニズム運動で活動していた知人に依頼され、ナチスの反ユダヤ主義の記録を収集する作業に従事し、ゲシュタポに逮捕された。身の危険を思い知らされたアレントは、母のマルタとともに、ビザなしでフランスに亡命した。一九四〇年にはハインリヒ・ブリュッヒャーと再婚。ブリュッヒャーとやりとりした手紙は、『アーレント＝ブリュッヒャー往復書簡――1936-1968』（大島かおり・初見基訳、みすず書房）に収められている。一九三六年から一九六八年まで散発的に書かれた夫との往復書簡は、どちらかが旅先にあるときだけに書かれるものであり、手紙が書かれない時期も長いが、これも貴重な資料である。

結婚後しばらくしてフランス政府により、敵性外国人として収容施設に収容された。一九四一年にはブリュッヒャーとともにアメリカに亡命する。やがてニューヨークのドイツ人向けの新聞『アウフバウ』がユダヤ人問題に関心をもつようになったこともあって、この新聞に多数の論説を発表した。ユダヤ人の軍隊の創設を訴えるアレントの論説は、『反ユダヤ主義――ユダヤ論集1』（山田正行・大島かおり・佐藤紀子・矢野久美子訳、みすず書房）で読める。

一九四九年に戦後初めてヨーロッパを訪問し、ヤスパースとハイデガーと再会する。一九五一年にはナチスのファシズムとソ連のスターリニズムを考察した大著『全体主義の起原』（全三冊、大久保和郎・大島通義・大島かおり訳、みすず書房）を発表し、高い評価を受ける。ドイツ語版への翻訳にはアレント自身が加筆しており、ドイツ語版が決定版とみなされている。アレントの多くの著作のドイツ語訳には、アレントがみずから加筆することが多く、ドイツ語版を参照することはきわめて有益である。

一九五八年には第二の主著『人間の条件』（志水速雄訳、中央公論社。後にちくま学芸文庫）を発表。この作品のドイツ語版は、『活動的生』（森一郎訳、みすず書房）として邦訳されている。同時期にドイツのユダヤ人女性の生涯を描いた『ラーヘル・ファルンハーゲン』（寺島俊穂訳、未来社）を発表している。この著書をめぐっては後にヤスパースと論争になった。この論争については『アーレント＝ヤスパース往復書簡――1926–1969』（全三冊、大島かおり訳、みすず書房）に詳しい。アレントとヤスパースとの親しい交流は生涯にわたるものであり、この書簡集はアレントの思想について考えるためにも貴重な記録である。

一九六一年にイェルサレムでアイヒマンの裁判を傍聴し、ジャーナリストとして傍聴記を雑誌『ニューヨーカー』に連続掲載した。これは『イェルサレムのアイヒマン』（大久保和郎訳、みすず書房）として一九六三年に出版された。雑誌掲載時から激しい非難が起こり、アレントは望まぬままに、この激しい論争に巻き込まれることになる。一九六四年にふたたびヨーロッパを訪問し、ドイツでギュンター・ガウスによるテレビ・インタビュー「何が残った？　母語が残った」を録画する。

一九六一年には、政治と哲学との関係などについて緻密に考察した『過去と未来の間――政治思想への8試論』（引田隆也・齋藤純一訳、みすず書房）を刊行した。さらに一九六三年にはフランス革命とアメリカ独立革命を比較した『革命について』（志水速雄訳、中央公論社。後にちくま学芸文庫）を出版している。

一九六三年にはシカゴ大学の教授に就任し、複数の大学で道徳哲学についての連続講義「道徳哲学のいくつかの問題」や「基本的な道徳命題」を行っている。一九六八年にはベンヤミンなどの友人や知人についての回想を集めた『暗い時代の人々』（阿部齊訳、河出書房。後にちくま学芸文庫）を刊行した。この頃から「リトルロックについて考える」（一九五九年）、「裁かれるアウシュヴィッツ」（一九六六年）、「集団責任」（一九六八年）などの時事的な政治論文を発表して、注目を集める。これらは死後に『責任と判断』（中山元訳、筑摩書房。後にちくま学芸文庫）にまとめられた。また一九七二年にはベトナム戦争についての論文「政治における嘘」などを集めた『共和国の危機』（邦訳タイトルは『暴力について』山田正行訳、みすず書房）が発表されている。

一九七三年にスコットランドのアバディーン大学に招かれて、第三の主著となるはずの『精神の生活』（全二冊、佐藤和夫訳、岩波書店）としてまとめられる講義を行う。カントの体系にならった三部作として構想されたこの書物は、第一部の『思考』と第二部の『意志』だけが発表され、第三部の『判断力』は執筆されなかった。

一九七五年一二月四日に、自宅で心臓発作を起こして急死した。まだ六九歳の働きざかりだった。デスクのタイプライターには第三部の『判断力』のタイトルページが残されていた。

死後に、書籍として刊行されなかった多くの文章がまとめられて刊行された。アレントの政治論文を集めたものとして『アーレント政治思想集成』（全二冊、齋藤純一・山田正行・矢野久美子訳、みすず書房）が刊行されているほか、政治哲学にかかわる講義録として、『政治とは何か』（佐藤和夫訳、岩波書店）、『カール・マルクスと西欧政治思想の伝統』（佐藤和夫編、アーレント研究会訳、大月書店）、『政治の約束』（高橋勇夫訳、筑摩書房）などが重要である。

また『精神の生活』の第三部『判断力』の内容をうかがわせる『カント政治哲学の講義』（浜田義文監訳、法政大学出版局）は一九八二年に発表されている。アイヒマン論争の時期の論文は、『アイヒマン論争——ユダヤ論集2』（齋藤純一・山田正行・金慧・矢野久美子・大島かおり訳、みすず書房、二〇一三年）として発表されている。

アレントの個人的な備忘録を出版したものとして『思索日記』（全二冊、青木隆嘉訳、法政大学出版局）がある。さらに親友のメアリー・マッカーシーとの手紙のやり取りを記録した『アーレント＝マッカーシー往復書簡』（佐藤佐智子訳、法政大学出版局）は、アメリカでのアレントの生活の細部をうかがわせる。ほかに未邦訳の往復書簡集として、ヘルマン・ブロッホとの往復書簡集やハンス・ブルーメンフェルトとの往復書簡集などが刊行されている。

注

序章　インタビュー「何が残った？　母語が残った」とアレント

（1）エリザベス・ヤング＝ブルーエル『ハンナ・アーレント伝』荒川幾男ほか訳、晶文社、四三八ページ。
（2）同、四五二ページ。
（3）一九六四年一〇月四日付けのヤスパースのアレント宛て書簡。『アーレント＝ヤスパース往復書簡』第三巻、大島かおり訳、みすず書房、一一六ページ。
（4）アレント「何が残った？　母語が残った」。『アーレント政治思想集成1』齋藤純一ほか訳、みすず書房、一五～一六ページ。以下、この章の引用は、特別に断らない限り、このインタビューからのものであり、引用ページ数は省略する。なお、本書では引用部分は訳し直しているために、邦訳の文章とは異なっていることが多い。また多くの訳書では著作名をハンナ・アーレントと表記しているが、本書ではアレントの表記を行う。
（5）アレント『全体主義の起原』。大久保和郎・大島かおり訳、みすず書房、第三分冊、二九九ページ。
（6）ショーレムの一九六三年六月二三日付けのアレント宛て書簡。『現代思想』一九九七年七月号、六六ページ。
（7）同。
（8）同。
（9）アレントの一九六三年七月二四日付けのショーレム宛て書簡。同、七二ページ。
（10）同。
（11）同。

（12）同、七三ページ。
（13）同。

第1章　国民のヒトラー幻想──『全体主義の起原』を読む

（14）アレント「道徳哲学のいくつかの問題」。『責任と判断』中山元訳、ちくま学芸文庫、九〇ページ。
（15）同。
（16）同。
（17）同、六九ページ。
（18）『政治概念の歴史的展開』第一巻の「国家」の項目。晃洋書房、一七九ページ。
（19）同、一八三ページ。
（20）アレント『全体主義の起原』前掲書、第二巻、一七四ページ。なおこの章で引用のページ数が記載されていないものは、すべてこの『全体主義の起原』からの引用であり、引用ページ数の表記を省略する。
（21）世界歴史大系『ドイツ史2』成瀬治ほか編、山川出版社、二一二〜二一三ページ。
（22）一七八九年のフランスの「人および市民の権利宣言」第一条。邦訳は高木八尺・末延三次・宮沢俊義編『人権宣言集』岩波文庫、一三一ページ。
（23）同、第三条。
（24）同、第二条。
（25）ジョージ・L・モッセ『フェルキッシュ革命』植村和秀ほか訳、柏書房、三三一ページ。
（26）アレント『全体主義の起原』前掲書、第三巻、二一九ページ。
（27）ジョルジョ・アガンベン『ホモ・サケル』高桑和巳訳、以文社、一〇六ページ。
アガンベンはアレントの『人間の条件』の考察が、公的な空間と人間の自然的な生の関係を考察したものとして高く評価している（同、一〇ページ）。
（28）「人および市民の権利宣言」序文。邦訳は前掲の『人権宣言集』一三〇ページ。
（29）「ヴァージニアの権利章典」。同、一〇九ページ。
（30）マルティーヌ・レイボヴィッチ『ユダヤ女 ハンナ・アーレント』合田正人訳、法政大学出版局、二二六ページ。
（31）「『人身密輸』：クロアチア警察に護送された難民列車、ハンガリーで拘束」（『スプートニク日本』二〇一五年九月一九日号）。
（32）アレント「道徳哲学のいくつかの問題」。『責任と判断』前掲書、一六四ページ。
（33）アレントの『全体主義の起原』の邦訳では、この孤立の状態を示すドイツ語フェアラッセンハイトを「見捨てられていること」（前掲書、第三巻、二九七ページ）と訳している。
（34）アレント「道徳哲学のいくつかの問題」。『責任と判断』前掲書、一六四ページ。

第2章　公的な領域の意味と市民——『人間の条件』を読む

（35）カール・シュミット『現代議会主義の精神史的地位』稲葉素之訳、みすず書房、六六ページ。
（36）同、六六〜六七ページ。
（37）同、六七ページ。
（38）アレント『人間の条件』志水速雄訳、ちくま学芸文庫、一九ページ。なおこの章で引用のページ数が記載されていないものは、すべてこの『人間の条件』からの引用であり、引用ページ数の表記は省略する。
（39）アリストテレス『政治学』。『アリストテレス全集』第一五巻、山本光雄訳、岩波書店、七ページ。
（40）ホッブズ『リヴァイアサン』第一〇章。水田洋訳、岩波文庫、第一巻、一四六ページ。
（41）アレント『全体主義の起原』前掲書、第二巻、三〇ページ。
（42）同、三一ページ。

(43) アレント「プロローグ（ソニング賞受賞スピーチ）」。『責任と判断』前掲書、八～九ページ。
(44) アレント「独裁政治のもとでの個人の責任」。同、五三ページ。
(45) アレント『革命について』志水速雄訳、ちくま学芸文庫、三八ページ。
(46) 同、九一ページ。
(47) 同。
(48) アレント「リトルロックについて考える」。『責任と判断』前掲書、三七七ページ。
(49) 同。
(50) 同、三七六ページ。
(51) 同、三七七ページ。
(52) 同、三七九ページ。
(53) 同、三七七ページ。
(54) マックス・ウェーバー『社会学の根本概念』清水幾太郎訳、岩波文庫、八六ページ。
(55) アレント『暴力について』山田正行訳、みすず書房、一三三ページ。
(56) 同、一三四ページ。
(57) 同、一三五ページ。
(58) アレント『カール・マルクスと西欧政治思想の伝統』佐藤和夫編、アーレント研究会訳、大月書店、一一八ページ。なお、アレントのマルクス批判の詳細は、中山元『ハンナ・アレント〈世界への愛〉』の第四章第二節を参照されたい。
(59) マルクス『経済学・哲学草稿』。『マルクス・コレクション』第一巻、中山元・三島憲一・徳永恂・村岡晋一訳、筑摩書房、三二七ページ。
(60) アリストテレス『ニコマコス倫理学』第一〇巻。『アリストテレス全集』第一三巻、加藤信朗訳、岩波書店、三四七ページ。
(61)アレント『カール・マルクスと西欧政治思想の伝統』前掲書、四五ページ。
(62)マルクス『資本論第一巻』。中山元訳、日経BP社、第四分冊、四五二ページ。
(63)アリストテレス『政治学』。『アリストテレス全集』前掲書、第一五巻、三ページ。
(64)プラトン『政治家』。『プラトン全集』第二巻、戸塚七郎訳、角川書店、四三〇ページ。
(65)アレント『カール・マルクスと西欧政治思想の伝統』前掲書、八四ページ。
(66)同、八五ページ。
(67)マルクス「ヘーゲル法哲学批判序説」。『ユダヤ人問題に寄せて/ヘーゲル法哲学批判序説』中山元訳、光文社古典新訳文庫、一九五ページ。
(68)アレント「元共産党員」。『アーレント政治思想集成2』齋藤純一ほか訳、みすず書房、二三六ページ。なおプラトンにおける「制作」の概念が哲学の本来の営みを歪めたというのは、師のハイデガーが『存在と時間』以来、主張しつづけていたテーゼである。
(69)アレント『思索日記』第一巻、青木隆嘉訳、法政大学出版局、三二四ページ。
(70)同。

第3章　悪の凡庸さ――『イエルサレムのアイヒマン』を読む

(71)アレントのブリュッヒャー宛ての一九六一年四月一五日付けの書簡。『アーレント=ブリュッヒャー往復書簡』大島かおり・初見基訳、みすず書房、四七一ページ。
(72)アレント『イェルサレムのアイヒマン』大久保和郎訳、みすず書房、二〇ページ。なおこの章で引用のページ数が記載されていないものは、すべてこの『イェルサレムのアイヒマン』からの引用であり、引用ページ数の表記は省略する。

（73）アレント「独裁体制のもとでの個人の責任」。『責任と判断』前掲書、五二ページ。
（74）同、五一ページ。
（75）アレント「裁かれるアウシュヴィッツ」。同、四三〇ページ。
（76）カント『道徳形而上学の基礎づけ』。中山元訳、光文社古典新訳文庫、一五〇ページ。
（77）アレントの一九六〇年一二月二三日付けのヤスパース宛て書簡。『アーレント＝ヤスパース往復書簡』前掲書、第二巻、二二八ページ。
（78）同。
（79）同。
（80）アレント「独裁体制のもとでの個人の責任」。『責任と判断』前掲書、五七ページ。
（81）同。
（82）同、五〇ページ。
（83）同、五一〜五二ページ。
（84）同、五二ページ。
（85）同、五三ページ。
（86）ヤスパースの一九六〇年一二月三一日付けのアレント宛て書簡。前掲書、二三〇ページ。
（87）同。
（88）ヤスパースの一九六一年二月一四日付けのアレント宛て書簡。同、二三七ページ。
（89）アレント『人間の条件』前掲書、二八六ページ。

第4章　悪の道徳的な考察

（90）アレント「思考と道徳の問題」。『責任と判断』前掲書、二九七〜二九八ページ。

(91) 同、二九五〜二九六ページ。
(92) アレント「道徳哲学のいくつかの問題」。同、一二九ページ。なおこの章で引用のページ数が記載されていないものは、すべてこの「道徳哲学のいくつかの問題」からの引用であり、引用箇所のページ数の表記は省略する。
(93) アレント『イェルサレムのアイヒマン』前掲書、八二〜八三ページ。
(94) 同、八三ページ。
(95) プラトン『国家』三二九A。『プラトン全集』第一一巻、藤沢令夫訳、岩波書店、五六ページ。
(96) 同、三四四C。同、七〇ページ。
(97) 同。
(98) 同、三四七E。同、七九ページ。
(99) 同、三五二B。同、九三ページ。
(100) 同、三五四B。同、一〇〇ページ。
(101) 同、三六〇C。同、一一一ページ。
(102) 同、六一二E。同、七三八ページ。
(103) プラトン『ゴルギアス』四六六B。内藤純郎訳、『プラトン全集』第五巻、角川書店、一五一ページ。
(104) 同、四六九B。同、一五九ページ。
(105) 同。
(106) 同、四六九C。同、一六〇ページ。
(107) 同、四八二C。同、一九三ページ。
(108) プラトン『ヒッピアス(大)』。山本光雄訳、『プラトン全集』第六巻、角川書店、六六〜六七ページ。
(109) プラトン『テアイテトス』一八九E〜一九〇A。『プラトン全集』第一巻、戸塚七郎訳、角川書店、一二五ページ。

(110) アレント「思考と道徳の問題」。『責任と判断』前掲書、三三六ページ。
(111) シェイクスピア『リチャード三世』第五幕、第三場。『シェイクスピア全集』五巻、大山俊一訳、筑摩書房、二八六〜二八七ページ。
(112) アレント「思考と道徳の問題」。『責任と判断』前掲書、三三七ページ。
(113) シェイクスピア『リチャード三世』第五幕、第三場。前掲書、二八九ページ。
(114) アレント「思考と道徳の問題」。『責任と判断』前掲書、三四〇ページ。
(115) 同。
(116) カント『判断力批判』。篠田英雄訳、岩波文庫、上巻、一三一ページ。
(117) 同、一三四ページ。
(118) カント『人間学』。邦訳は『カント全集』第一四巻、山下太郎・坂部恵訳、理想社、一三〇ページ。
(119) カント『判断力批判』。前掲書、二三三ページ。
(120) 同、二三二ページ。
(121) カント『純粋理性批判』第三分冊、中山元訳、光文社古典新訳文庫、二二一ページ。
(122) 同、二三ページ。
(123) カント『判断力批判』。前掲書、一二一ページ。
(124) 同。

あとがき

ハンナ・アレントの生涯はじつに波乱に富んでいた。ドイツでの学生時代のハイデガーとの愛、ゲシュタポによる逮捕と旅券なしの出国、フランスでのユダヤ人と難民支援運動、敵性外国人としての抑留、愛するブリュッヒャーとの結婚とアメリカ亡命、ユダヤ人問題についての論説者としてのアメリカでの活動など、前半生だけでも物語のような人生である。

アメリカに落ち着いてからも、アイヒマン裁判とその後の激しい論争、フランス革命とアメリカの政治制度についての考察、大学教授としての講義、イスラエル建国とパレスチナ問題への発言、国内の政治問題への論評など、アレントは活発に活動しつづけた。また、こうした経歴にふさわしく、思想家や文学者の知人も多かった。

アレントのように生活においても思考においても活動的だった思想家を、入門書の形で紹介するには、何か一つの切り口があったほうがよいだろう。こうした切り口として本書では、アレントがドイツを離れて亡命することを決意するきっかけとなった出来事をとりあげることにした。アレントが亡命したのは、ナチスの迫害から逃れるためであったことは、明らかである。しかしアレントが亡命を決意する重要なきっかけとなったのは、それまで信頼していた友人たちがナチスのイデオロギーに幻想を抱いたことに衝撃をうけたことだった。ドイツの良心的な人々が、そしてごくふつうの善良な市民たちが、どうして身近な場で行われているユダヤ人の迫害に目をつぶり、ナチスの語る幻想を信じこみ、暗黙のうちに第三帝国を支えていったのか。その疑問がアレントを捉えて放さなかった。

アレントの主著としては、『全体主義の起原』と『人間の条件』をあげることができるだろう。さらにアレントを激しい論争にまきこんだ『イェルサレムのアイヒマン』にも、アレントの思想的な「質」のようなものがはっきりと現われている。そしてこれらの三冊を貫いているのが、アレントに亡命を決意させた出来事、すなわちドイツのごく良心的な市民が、それまでの道徳規範を一夜にして投げ捨てて、ナチスの道徳規範を採用したという出来事からうけた衝撃だった。アレントは生涯をかけて、この衝撃に立ち向かい、その謎を解こうとし、そうした道徳的な崩壊を防ぐことのできる道を探しながら、道徳哲学的な考察をつづけたのである。

本書ではこれらの三冊の著書と、アレントの道徳哲学をめぐる連続講義を手掛かりにして、アレントをつき動かしていたこのモチーフについて、そしてこのモチーフに基づいてアレントが構築した道徳哲学について考察している。アレントが提起した多くの重要な概念は、このモチーフのもとで生まれているからである。

そしてこれらの三冊の重要なテーマ、たとえば『全体主義の起原』で語られた全体主義運動のメカニズムと反ユダヤ主義の関係、『人間の条件』で展開された公的な「活動」のもつ意義、『イェルサレムのアイヒマン』で提示されて議論を呼んだ悪の凡庸さの概念についても、このモチーフによって初めて理解できるところが多いのである。

アレントの活動はきわめて多面的な性格のものだっただけに、本書ではとりあげられなかったテーマも多い。学位を取得した『アウグスティヌスの愛の概念』の論文、あるユダヤ人女性の生涯を追跡しながら、ユダヤ人の女性として生きることの宿命を追求した『ラーエル・ファルンハーゲン』、革命を自由という観点から考察した『革命について』、親交のあった人々の人格と思想について語った『暗い時代の人々』、政治と思想の関係を考察した『過去と未来の間』、カントにならって、思考、意志、判断力について深い哲学的な考察を展開しようとした遺著『精神の生活』などには、ここで触れられなかったテーマの水脈がひそんでいる。これらの深く豊かなテーマについては、アレントについて考察した多くの著書のほかに、拙著『ハンナ・アレント　〈世界への愛〉』(新曜社)も参照していただければ幸いである。

最後になったが、本書の刊行にあたっては、先にちくま学芸文庫に採録されたアレントの訳書『責任と判断』の編集を手掛けていただいた筑摩書房の編集部の大山悦子さんに、またすっかりお世話になった。ここに記して感謝したい。

中山　元

ちくま新書
1229

アレント入門《にゅうもん》

二〇一七年一月一〇日　第一刷発行

著者　中山元（なかやま・げん）

発行者　山野浩一
発行所　株式会社　筑摩書房
東京都台東区蔵前二-五-三　郵便番号一一一-八七五五
振替〇〇一六〇-八-四一二三
装幀者　間村俊一
印刷・製本　株式会社　精興社

乱丁・落丁本の場合は、左記宛にご送付ください。
送料小社負担でお取り替えいたします。
ご注文・お問い合わせも左記へお願いいたします。
〒三三一-八五〇七　さいたま市北区櫛引町二-六〇四
筑摩書房サービスセンター　電話〇四八-六五一-〇〇五三

ISBN978-4-480-06940-5 C0210

ちくま新書

008 **ニーチェ入門** 竹田青嗣

新たな価値をつかみなおすために、今こそ読まれるべき思想家ニーチェ。現代の我々をも震撼させる哲人の核心に大胆果敢に迫り、明快に説く刺激的な入門書。

020 **ウィトゲンシュタイン入門** 永井均

天才哲学者が生涯を賭けて問いつづけた「語りえないもの」とは何か。写像・文法・言語ゲームと展開する特異な思想に迫り、哲学することの妙技と魅力を伝える。

029 **カント入門** 石川文康

哲学史上不朽の遺産『純粋理性批判』を中心に、その哲学の核心を平明に読み解くとともに、哲学者の内面のドラマに迫り、現代に甦る生き生きとしたカント像を描く。

071 **フーコー入門** 中山元

絶対的な〈真理〉という〈権力〉の鎖を解きはなち、〈別の仕方〉で考えることの可能性を提起した哲学者、フーコー。一貫した思考の歩みを明快に描きだす新鮮な入門書。

081 **バタイユ入門** 酒井健

西欧近代への徹底した批判者でありつづけた「死とエロチシズム」の思想家バタイユ。その豊かな情念に貫かれた思想を明快に解き明かす、若い読者のための入門書。

200 **レヴィナス入門** 熊野純彦

フッサールとハイデガーに学びながらも、ユダヤの伝統を継承し独自の哲学を展開したレヴィナス。収容所体験から紡ぎだされた強靭で繊細な思考をたどる初の入門書。

265 **レヴィ＝ストロース入門** 小田亮《まこと》

若きレヴィ＝ストロースに哲学の道を放棄させ、ブラジル奥地へと駆り立てたものは何か。現代思想に影響を与えた豊かな思考の核心を読み解く構造人類学の冒険。

ちくま新書

277 ハイデガー入門 細川亮一
二〇世紀最大の哲学書『存在と時間』の成立をめぐる謎とは？　難解といわれるハイデガーの思考の核心を読み解き、西洋哲学が問いつづけた「存在への問い」に迫る。

301 アリストテレス入門 山口義久
論理学の基礎を築き、総合的知の枠組をつくりあげた古代ギリシア哲学の巨人。その思考の方法と核心に迫り、知の探究の軌跡をたどるアリストテレス再発見！

482 哲学マップ 貫成人
難解かつ広大な「哲学」の世界に踏み込むにはどうしても地図が必要だ。各思想のエッセンスと思想間のつながりを押さえて古今東西の思索を鮮やかに一望する。

533 マルクス入門 今村仁司
社会主義国家が崩壊し、マルクス主義が後退した今、マルクスを読みなおす意義は何か？　既存のマルクス像からはじめて自由になり、新しい可能性を見出す入門書。

545 哲学思考トレーニング 伊勢田哲治
哲学って素人には役立たず？　否、そこは使える知のツールの宝庫。屁理屈や権威にだまされず、筋の通った思考を自分の頭で一段ずつ積み上げてゆく技法を完全伝授！

589 デカルト入門 小林道夫
デカルトはなぜ近代哲学の父と呼ばれるのか？　行動人としての生涯と認識論・形而上学から自然学・宇宙論におよぶ壮大な知の体系を、現代の視座から解き明かす。

666 高校生のための哲学入門 長谷川宏
どんなふうにして私たちの社会はここまできたのか。「知」の在り処はどこか。ヘーゲルの翻訳で知られる著者が、自身の思考の軌跡を踏まえて書き下ろす待望の書。

ちくま新書

1083
ヨーロッパ思想を読み解く
――何が近代科学を生んだか
古田博司
なぜ西洋にのみ科学的思考が発達したのか。その秘密をカント、ニーチェ、ハイデガーらに探り、西洋独特の思考パターンを対話形式で読み解く。異色の思想史入門。

1103
反〈絆〉論
中島義道
東日本大震災後、列島中がなびいた〈絆〉という価値観。だがそこには暴力が潜んでいる？ 〈絆〉からの自由は認められないのか。哲学にしかできない領域で考える。

1119
近代政治哲学
――自然・主権・行政
國分功一郎
今日の政治体制は、近代政治哲学が構想したものだ。ならば、その基本概念を検討することで、いまの民主主義体制が抱える欠点も把握できるはず！ 渾身の書き下し。

1143
観念論の教室
冨田恭彦
私たちに知覚される場合だけ物は存在すると考える「観念論」。人間は何故この考えにとらわれるのか。元祖観念論者バークリを中心に「明るい観念論」の魅力を解く。

1165
プラグマティズム入門
伊藤邦武
これからの世界を動かす思想として、いま最も注目されるプラグマティズム。アメリカにおけるその誕生から最新の研究動向まで、全貌を明らかにする入門書決定版。

001
貨幣とは何だろうか
今村仁司
人間の根源的なあり方の条件から光をあてて考察する貨幣の社会哲学。世界の名作を「貨幣小説」と読むなど貨幣への新たな視線を獲得するための冒険的論考。

047
スポーツを考える
――身体・資本・ナショナリズム
多木浩二
近代スポーツはなぜ誕生したのか？ スペクタクルの秘密は何か？ どうして高度資本主義のモデルになったのか？ スポーツと現代社会の謎を解く異色の思想書。

ちくま新書

474 アナーキズム
——名著でたどる日本思想入門
浅羽通明

大杉栄、竹中労から松本零士、笠井潔まで十冊の名著をたどりながら、日本のアナーキズムの潮流を俯瞰する。常に若者を魅了したこの思想の現在的意味を考える。

532 靖国問題
高橋哲哉

戦後六十年を経て、なお問題でありつづける「靖国」を、具体的な歴史の場から見直し、それが「国家」の装置としていかなる役割を担ってきたのかを明らかにする。

569 無思想の発見
養老孟司

日本人はなぜ無思想なのか。それはつまり、「ゼロ」のようなものではないか。「無思想の思想」を手がかりに、日本が抱える諸問題を論じ、閉塞した現代に風穴を開ける。

578 「かわいい」論
四方田犬彦

キティちゃん、ポケモン、セーラームーン——。日本製のキャラクター商品はなぜ世界中で愛されるのか？「かわいい」の構造を美学的に分析する初めての試み。

623 １９６８年
絓《すが》秀実

フェミニズム、核家族化、自分さがし、地方の喪失などに刻印された現代社会は「１９６８年」によって生まれた。戦後日本の分岐点となった激しい一年の正体に迫る。

720 いま、働くということ
大庭健

仕事をするのはお金のため？　それとも自己実現？　不安定就労が増す一方で、過重労働にあえぐ正社員たち。現実を踏まえながら、いま、「働く」ことの意味を問う。

764 日本人はなぜ「さようなら」と別れるのか
竹内整一

一般に、世界の別れ言葉は「神の身許によくあれかし」、「また会いましょう」、「お元気で」の三つだが、日本人にだけ「さようなら」がある。その精神史を探究する。

ちくま新書

766 現代語訳 学問のすすめ 福澤諭吉 齋藤孝訳
諭吉がすすめる「学問」とは？ 世のために動くことで自分自身も充実する生き方を示し、激動の明治時代を導いた大ベストセラーから、今すべきことが見えてくる。

769 独学の精神 前田英樹
無教養な人間の山を生んだ教育制度。世にはびこる賢しらな教育論。そこに決定的に欠けた視座とは？ 身ひとつで学び生きるという人間本来のあり方から説く学問論。

805 12歳からの現代思想 岡本裕一朗
この社会や人間の未来を考えるとき、「現代思想」はさまざまな手がかりを与えてくれる。子どもも大人も知っておきたい8つのテーマを、明快かつ縦横に解説する。

819 社会思想史を学ぶ 山脇直司
社会思想史とは、現代を知り未来を見通すための、過去の思想との対話である。近代啓蒙主義からポストモダニズムまで、その核心と限界が丸ごとわかる入門書決定版。

852 ポストモダンの共産主義 ——はじめは悲劇として、二度めは笑劇として スラヴォイ・ジジェク 栗原百代訳
9・11と金融崩壊でくり返された、グローバル危機という掛け声に騙されるな——闘う思想家が混迷の時代を分析、資本主義の虚妄を暴き、真の変革への可能性を問う。

861 現代語訳 武士道 新渡戸稲造 山本博文訳／解説
日本人の精神の根底をなした武士道。その思想的な源泉はどこにあり、いかにして普遍性を獲得しえたのか？ 世界的反響をよんだ名著が、清新な訳と解説でいま甦る。

877 現代語訳 論語 齋藤孝訳
学び続けることの中に人生がある。——二千五百年間、読み継がれ、多くの人々の「精神の基準」となった古典中の古典を、生き生きとした訳で現代日本人に届ける。

ちくま新書

881
東大生の論理
――「理性」をめぐる教室
高橋昌一郎
東大生は理詰めで、知的で、クールなの？　東大の論理学講義で行った対話をもとにして、その発想、論法、倫理にふれる。理性の完全性を考えなおす哲学エッセイ。

893
道徳を問いなおす
――リベラリズムと教育のゆくえ
河野哲也
ひとりで生きることが困難なこの時代、他者と共に生きるための倫理が必要となる。「正義」「善悪」「権利」とは何か？　いま、求められる「道徳」を提言する。

906
論語力
齋藤孝
学びを通した人生の作り上げ方、社会の中での自分の在り方、本当の合理性、柔軟な対処力――。『論語』の中には、人生に必要なものがすべてである。決定的入門書。

910
現代文明論講義
――ニヒリズムをめぐる京大生との対話
佐伯啓思
殺人は悪か？　民主主義はなぜ機能しないのか？――ニヒリズムという病が生み出す現代社会に特有の難問について学生と討議する。思想と哲学がわかる入門講義。

912
現代語訳　福翁自伝
福澤諭吉
齋藤孝編訳
近代日本最大の啓蒙思想家福沢諭吉の自伝を再編集&現代語訳。痛快で無類に面白いだけではない。読めば必ず、最高の人生を送るためのヒントが見つかります。

946
日本思想史新論
――プラグマティズムからナショナリズムへ
中野剛志
日本には秘められた実学の系譜があった。『TPP亡国論』で話題の著者が、伊藤仁斎、荻生徂徠、会沢正志斎、福沢諭吉の思想に、日本の危機を克服する戦略を探る。

951
現代語訳　福澤諭吉　幕末・維新論集
福澤諭吉
山本博文訳／解説
激動の時代の人と風景を生き生きと描き出した傑作評論選。勝海舟、西郷隆盛をも筆で斬った福澤思想の核心とは。「瘦我慢の説」「丁丑公論」他二篇を収録。